Grundwissen
La France

von
Wolfgang Fischer
Guy Renaud

Ernst Klett Verlag
Stuttgart · Leipzig

**Grundwissen
La France**

1. Auflage   1   5 4 3 2 1 | 2021 20 19 18 17

Alle Drucke dieser Auflage sind unverändert und können im Unterricht nebeneinander verwendet werden.
Die letzte Zahl bezeichnet das Jahr des Druckes.
Das Werk und seine Teile sind urheberrechtlich geschützt. Jede Nutzung in anderen als den gesetzlich zugelassenen Fällen bedarf der vorherigen schriftlichen Einwilligung des Verlages. Hinweis §52 a UrhG: Weder das Werk noch seine Teile dürfen ohne eine solche Einwilligung eingescannt und in ein Netzwerk eingestellt werden. Dies gilt auch für Intranets von Schulen und sonstigen Bildungseinrichtungen. Fotomechanische oder andere Wiedergabeverfahren nur mit Genehmigung des Verlages.

© Ernst Klett Verlag GmbH, Stuttgart 2017. Alle Rechte vorbehalten. www.klett.de

Autoren: Wolfgang Fischer, Sindelfingen; Guy Renaud, Dijon

Redaktion: Thomas Eilrich
Herstellung: Oliver W. Steinhäuser

Satz: Satzkiste GmbH, Stuttgart
Druck: AZ Druck und Datentechnik GmbH, Kempten/Allgäu
Printed in Germany

ISBN 978-3-12-521006-6

	Vorwort	6
1	**Géographie de la France**	8
2	**Paris**	19
3	**Histoire**	32
4	**La politique française**	59
5	**Société**	71
6	**Economie**	92
7	**La France dans le monde**	109
8	**Littérature**	134
9	**La vie culturelle**	148
10	**Religion et philosophie**	160
11	**Les Français et leur langue**	166
	Index	173

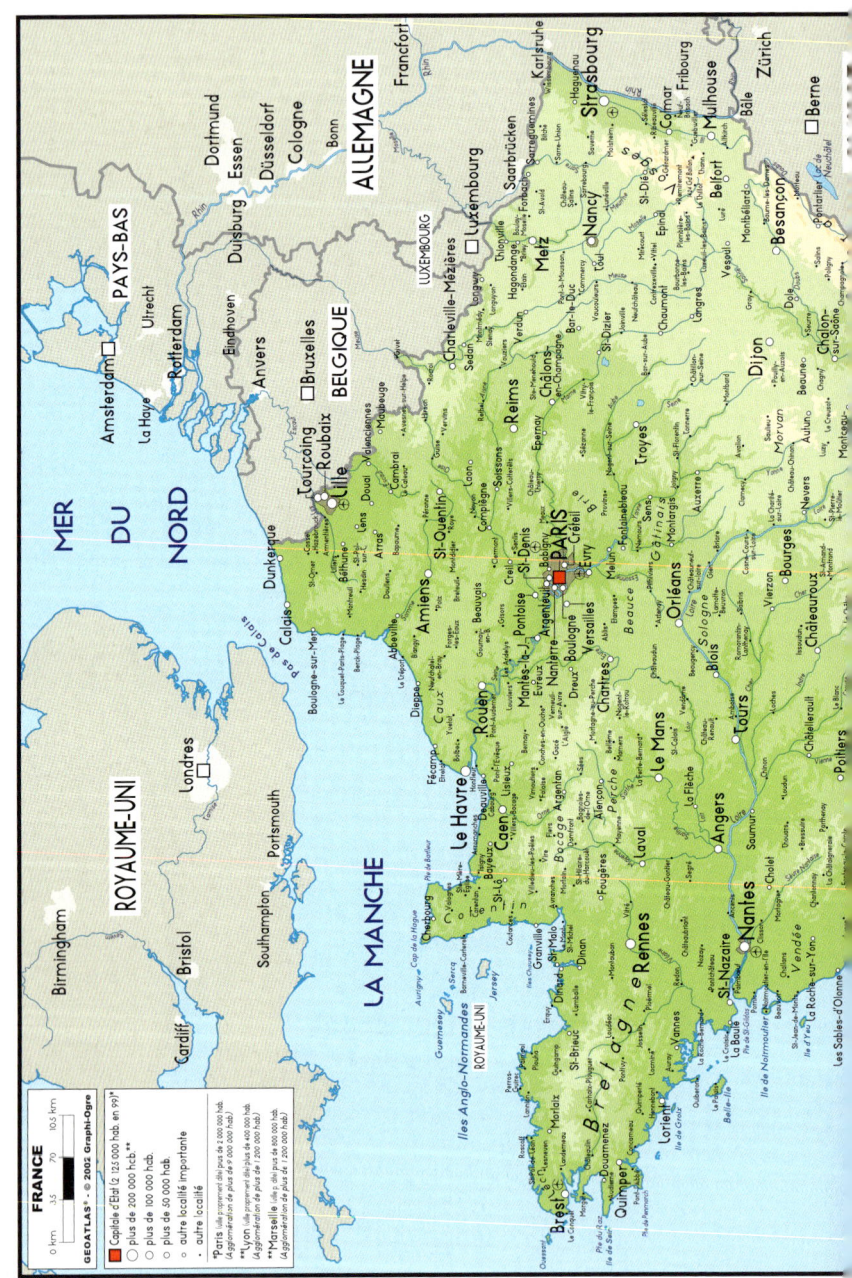

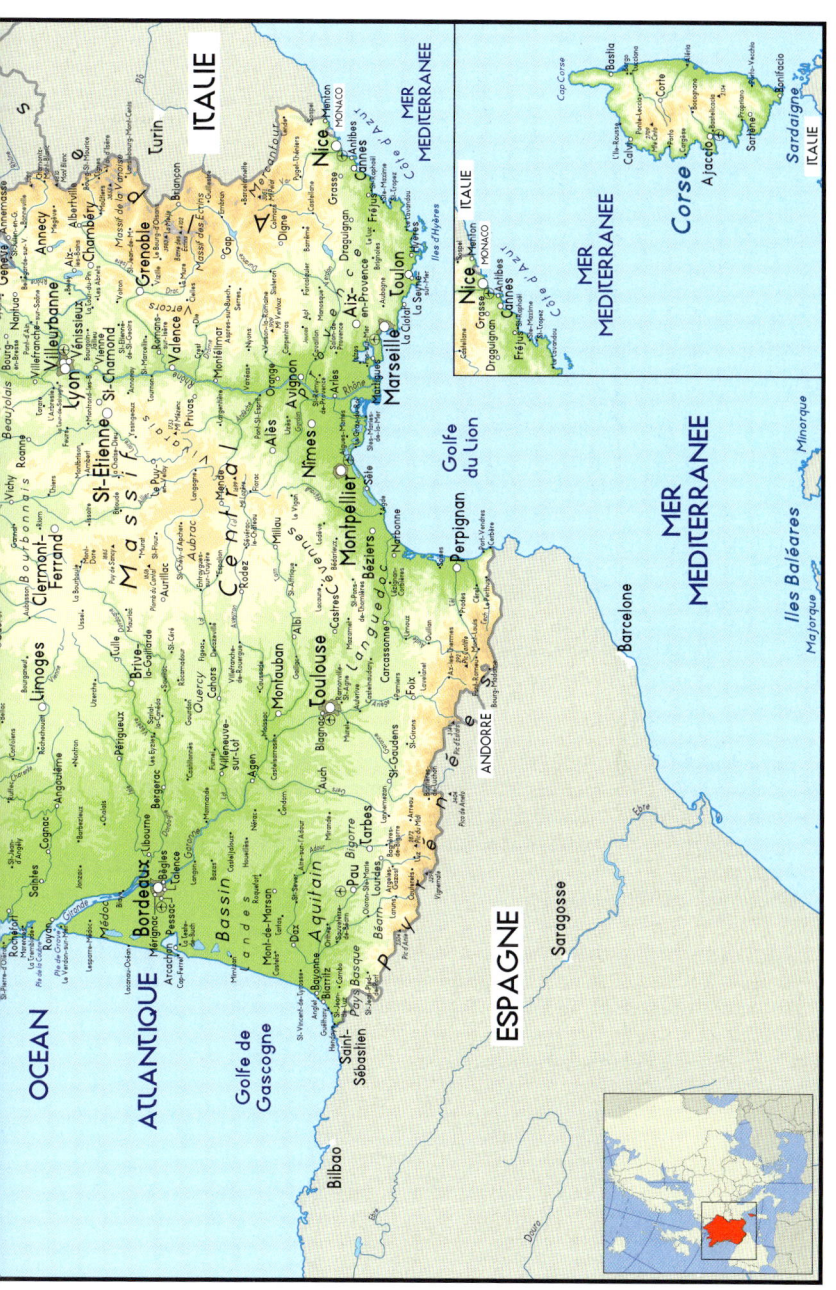

Vorwort

Landeskunde begleitet Sie von der ersten Stunde des Fremdsprachenunterrichts an, jedoch über die Jahre hinweg unterschiedlich intensiv und umfassend. Das **Grundwissen La France** trägt dazu bei, im Hinblick auf die Anforderungen der Oberstufe Lücken zu schließen und Kompetenzen zu erweitern.

Als Wiederholungs- und Nachschlagewerk führt **Grundwissen La France** systematisch, knapp und verständlich in die Grundlagen eines Themas ein. Sieben Kapitel berichten über die Geographie Frankreichs, über seine Geschichte, Politik, die wesentlichen Strukturen der französischen Gesellschaft und Wirtschaft bis hin zur Rolle Frankreichs in der Welt, seine Beziehungen zu Deutschland und seine Stellung in Europa. Vier weitere Kapitel sind der Literatur, dem kulturellen Leben, der Religion und der Philosophie sowie der französische Sprache gewidmet. Das Buch ist sprachlich auf einem Niveau gehalten, wie es der Oberstufe entspricht; die verwendete Sprache hat Modellcharakter, so dass Sie nicht nur die Inhalte, sondern auch die Sprache im Unterricht und in Klausuren anwenden können.

Ein ausführlicher Sachindex am Ende des Buches garantiert ein schnelles Auffinden von landeskundlich relevanten Stichwörtern; das systematische Ordnungsprinzip mit Verweisen im Text ermöglicht effektives Arbeiten an den entsprechenden Themen. Selbstverständlich ist das Buch auch ein ideales Nachschlagewerk für Studium, Erwachsenenbildung und alle Fälle, in denen Sie mehr über Frankreich wissen wollen.

Damit Sie ständig auf dem neuesten Stand über Entwicklungen in Frankreich sind, finden Sie zu Beginn jedes Kapitels einen Code (hi48h8), über dessen Eingabe unter www.klett.de Sie regelmäßig Aktualisierungen erhalten.

Alors, partez à la découverte de la France !!!

So lernen Sie mit dem Grundwissen La France

Zentrale Begriffe werden fett hervorgehoben und im Index aufgeführt.

Aussagekräftige Fotos dienen der Illustration eines Themas.

Pfeile verweisen auf weiterführende Informationen zu einem Begriff oder Thema.

Abkürzungen, die bereits an anderen Stellen erläutert sind, finden Sie auch im Index in Klammern aufgelöst.

Wörter, die nicht zum Lernvokabular der Sekundarstufe I gehören, werden konsequent übersetzt.

Infos
hi48h8

Auf den Auftaktseiten der Kapitel finden Sie den Grundwissen La France Code. Dieser führt Sie zu weiteren Informationen im Internet.
Geben Sie den Code einfach in das Suchfeld auf www.klett.de ein.

1 Géographie de la France

Mehr dazu
hi48h8

Géographie de la France

La situation : La France occupe sur le globe une position privilégiée : elle se trouve au milieu de la zone tempérée. Sa superficie (551 700 km² sans les régions et départements d'outre-mer → Les DROM-COM p. 14) en fait le 3ᵉ pays d'Europe, après la Russie et l'Ukraine mais loin devant l'Allemagne (357 000 km²).

L'aspect de la France : Les Français aiment bien la forme harmonieuse de leur pays : un hexagone presque parfait dont les axes Nord-Sud et Est-Ouest ont une longueur d'environ 950 kilomètres. Cinq de ses côtés sont formés par des frontières naturelles, seule la frontière nord-est, entre la Mer du Nord et le Rhin est artificielle ; c'est d'ailleurs la route traditionnelle des invasions.

Le relief : On rencontre, en France, presque toutes les formes de relief. Les plaines, plateaux et collines s'étendent sur les deux tiers du territoire. Entre ces plaines et les hautes **montagnes** des Pyrénées (Pic de Vignemale 3298 m) et des Alpes (Mont-Blanc 4810 m), on trouve de vieilles montagnes arrondies comme le Massif Central (Puy de Sancy 1886 m) et les Vosges (Ballon de Guebwiller 1426 m).

Les fleuves : Il y a en France de très nombreuses rivières, mais la taille des fleuves reste modeste :
- **La Loire** (1012 km) atteint par endroits deux kilomètres de large. Le niveau de ses eaux est très variable selon les saisons, et elle n'est navigable qu'à partir d'Angers.
- **La Seine** (776 km) est un fleuve de plaine, au débit régulier, dont les méandres sont caractéristiques.
- **Le Rhône** (545 km en France) descend des Alpes et transporte dix fois plus d'eau que la Seine. De grands travaux ont été nécessaires pour le rendre navigable.
- **La Garonne** (522 km en France) fournit dans sa partie supérieure beaucoup d'électricité. Ses crues sont nombreuses et souvent dangereuses.
- **Le Rhin** forme sur 190 kilomètres la frontière franco-allemande.

C'est au bord de ces fleuves que se sont développées quelques-unes des villes les plus importantes du pays : Paris, Lyon, Toulouse, Bordeaux, Strasbourg (→ Les villes p. 15). D'autre part ils constituent de grands **axes industriels et commerciaux** (Paris-Rouen-Le Havre ; Lyon-Méditerranée ; vallée du Rhin ; (→ Le secteur secondaire p. 95).

---

tempéré,e gemäßigt – **la superficie** Fläche – **l'hexagone** *m.* Sechseck – **artificiel,le** künstlich – **une plaine** Ebene – **une colline** Hügel – **arrondi,e** abgerundet – **la taille** *ici :* Länge – **par endroits** stellenweise – **navigable** schiffbar – **le débit** *ici :* Wasserführung – **la crue** Hochwasser – **constituer** bilden.

Climat et végétation naturelle

La France se présente comme un résumé des différents climats européens.
- **Le climat océanique / atlantique :** En Bretagne et en Normandie, l'été est frais, l'hiver doux. Il peut y avoir jusqu'à 200 jours de pluie par an. Le paysage est vert (prés, bocages). Vers le Sud, en Aquitaine, le temps est plus chaud et plus ensoleillé.
- **Le climat continental de l'Est :** Il est marqué par de fortes différences de température entre l'hiver et l'été. Les pluies sont assez violentes. Dans l'Est, on trouve beaucoup de forêts et de prés.
- **Le climat méditerranéen :** Les hivers sont doux et les étés très chauds et secs. La pluie tombe surtout en automne et au printemps. Sous l'influence du changement climatique, les régions méditerranéennes sont de plus en plus souvent victimes d'inondations causées par des orages soudains et extrêmement violents. La végétation naturelle est composée de forêts claires et de maquis.
- **Le climat de montagne :** L'hiver est long et dur, l'été court, frais et humide. La végétation varie en fonction de l'altitude.

Dans son ensemble, cependant, la plus grande partie du pays est influencée par le gulf-stream et les vents de l'Atlantique : c'est pourquoi le climat de la France est considéré comme le plus tempéré d'Europe.

Les régions de France (→ Carte p. 12/13)

Avant la **Révolution** (→ p. 36), la France était divisée en 34 **provinces** dont chacune formait une unité avec son histoire, sa culture, ses coutumes et son parler. Elles ont longtemps contrebalancé le pouvoir centralisateur des rois. En 1790, dans un souci d'égalité, la Révolution abolit les provinces et leurs différents privilèges et les remplace par les **départements**.

Cependant ce système se montre de plus en plus inadapté aux exigences du monde moderne : l'administration centralisée est trop lente, trop éloignée des Français et inefficace face aux problèmes régionaux. C'est pourquoi, à partir des années 1960, plusieurs tentatives de **régionalisation** se succèdent : ce n'est qu'en 1972 que la loi sur la réforme régionale établit les bases du retour à une politique régionaliste qui aboutit en 1982 à la **loi de décentralisation**. Cette « révolution tranquille » a pour but de partager les pouvoirs entre Paris et les régions, les départements et les communes. Par cette loi, les régions acquièrent une certaine autonomie et disposent d'un budget propre.

---

un pré Wiese, Weide – **un bocage** Heckenlandschaft – **une inondation** Überschwemmung – **un orage** Gewitter – **la forêt claire** lichter Wald – **le maquis** Busch(wald) – **l'altitude f** Höhe – **contrebalancer** Gegengewicht bilden – **un souci** *ici :* Anliegen – **abolir** abschaffen – **une exigence** Anforderung – **(in)efficace** (un)wirksam – **une tentative** Versuch – **succéder à** (aufeinander)folgen – **aboutir à** führen zu – **acquérir** erlangen.

A partir de 2016, une réforme territoriale est mise en œuvre dans le but de simplifier et de rendre plus efficace le fonctionnement des services territoriaux de l'Etat. Cette réforme, qui fait passer de 22 à 13 le nombre des régions de France métropolitaine, vise aussi à équilibrer les différences économiques et démographiques interrégionales, et à rendre les nouvelles régions plus concurrentielles au niveau européen.
La plus grande de ces régions est la Nouvelle-Aquitaine, la plus peuplée est l'Ile-de-France (avec plus de 12 millions d'habitants). La Corse est à la fois la plus petite et la moins peuplée.

Les départements (→ Carte p. 12/13)

En 1790, la France est divisée en 83 départements (→ Conséquences de la Révolution p. 40). On donne aux départements des noms géographiques, par exemple ceux de montagnes et surtout de rivières. Les départements sont subdivisés en **arrondissements**, **cantons** et **communes**. Le but de cette organisation est de renforcer la présence du **pouvoir central** dans tous les points du pays ; le **préfet** est nommé par l'exécutif.
Depuis sa création, cette structure n'a été modifiée de façon sensible par aucun des systèmes politiques : seul le nombre des départements a changé. En 1964, la **région parisienne** passe de trois à huit départements.
Les départements sont numérotés par ordre alphabétique ; ces numéros se retrouvent dans le code postal. Le plus grand est la Gironde, le plus peuplé le Nord. A partir de 2018, les deux départements qui constituent la Corse devraient fusionner.

Les métropoles

En 2015, dans le cadre de la réforme territoriale, plusieurs grandes agglomérations deviennent des métropoles (p. ex. Grenoble, Montpellier, Bordeaux, Brest etc.). Ce nouveau statut leur donne plus de compétences et en fait des moteurs de la croissance dans leur région. Il a aussi pour but de rationaliser la gestion des territoires de plus de 400 000 habitants.

équilibrer gleichmäßig verteilen – **subdiviser en** unterteilen – **un code postal** Postleitzahl – **fusionner** fusionnieren, sich zusammenschließen – **dans le cadre de** im Rahmen von – **la croissance** Wachstum – **avoir pour but** zum Ziel haben – **la gestion** *ici :* die Verwaltung.

Géographie de la France

Régions et départements

Géographie de la France

l'Île-de-France

L'Allemagne et ses länder

Les départements

- 01 l'Ain
- 02 l'Aisne
- 03 l'Allier
- 04 les Alpes-de-Haute-Provence
- 05 les Hautes-Alpes
- 06 les Alpes-Maritimes
- 07 l'Ardèche
- 08 les Ardennes
- 09 l'Ariège
- 10 l'Aube
- 11 l'Aude
- 12 l'Aveyron
- 13 les Bouches-du-Rhône
- 14 le Calvados
- 15 le Cantal
- 16 la Charente
- 17 la Charente-Maritime
- 18 le Cher
- 19 la Corrèze
- 2A la Corse-du-Sud
- 2B la Haute-Corse
- 21 la Côte d'Or
- 22 les Côtes-d'Armor
- 23 la Creuse
- 24 la Dordogne
- 25 le Doubs
- 26 la Drôme
- 27 l'Eure
- 28 l'Eure-et-Loir
- 29 le Finistère
- 30 le Gard
- 31 la Haute-Garonne
- 32 le Gers
- 33 la Gironde
- 34 l'Hérault
- 35 l'Ille-et-Vilaine
- 36 l'Indre
- 37 l'Indre-et-Loire
- 38 l'Isère
- 39 le Jura
- 40 les Landes
- 41 le Loir-et-Cher
- 42 la Loire
- 43 la Haute-Loire
- 44 la Loire-Atlantique
- 45 le Loiret
- 46 le Lot
- 47 le Lot-et-Garonne
- 48 la Lozère
- 49 le Maine-et-Loire
- 50 la Manche
- 51 la Marne
- 52 la Haute-Marne
- 53 la Mayenne
- 54 la Meurthe-et-Moselle
- 55 la Meuse
- 56 le Morbihan
- 57 la Moselle
- 58 la Nièvre
- 59 le Nord
- 60 l'Oise
- 61 l'Orne
- 62 le Pas-de-Calais
- 63 le Puy-de-Dôme
- 64 les Pyrénées-Atlantiques
- 65 les Hautes-Pyrénées
- 66 les Pyrénées-Orientales
- 67 le Bas-Rhin
- 68 le Haut-Rhin
- 69 le Rhône
- 70 la Haute-Saône
- 71 la Saône-et-Loire
- 72 la Sarthe
- 73 la Savoie
- 74 la Haute-Savoie
- 75 Paris
- 76 la Seine-Maritime
- 77 la Seine-et-Marne
- 78 les Yvelines
- 79 les Deux-Sèvres
- 80 la Somme
- 81 le Tarn
- 82 le Tarn-et-Garonne
- 83 le Var
- 84 le Vaucluse
- 85 la Vendée
- 86 la Vienne
- 87 la Haute-Vienne
- 88 les Vosges
- 89 l'Yonne
- 90 le Territoire-de-Belfort
- 91 l'Essonne
- 92 les Hauts-de-Seine
- 93 la Seine-Saint-Denis
- 94 le Val-de-Marne
- 95 le Val-d'oise

Les DROM-COM (→ Carte p. 131)

De ses possessions coloniales (→ La décolonisation p. 49), la France a gardé quelques terres aux quatre coins du monde. Si l'on excepte les Terres australes et antarctiques (440 000 km^2 pour seulement 200 habitants), ces « petites Frances » couvrent 120 000 km^2 et sont peuplées de 2,7 millions d'habitants qui sont citoyens français.

Les **DROM** (Départements et régions d'outre-mer) sont au nombre de cinq : La Guadeloupe, la Martinique, la Guyane française, la Réunion et Mayotte. Ils ont les mêmes statuts que les départements de la métropole et font aussi partie de l'Union européenne (UE). Les **COM**, ou Collectivités d'outre-mer, (Wallis et Futuna, St. Pierre et Miquelon p. ex.) sont des territoires aux statuts divers. Ils jouissent d'une assez grande autonomie (Assemblée territoriale, Gouvernement local). Leur organisation est comparable à celle d'un département, cependant les mesures administratives sont adaptées aux données locales.

En 2004, la Polynésie française (Tahiti) est devenue un pays d'outre-mer, avec un président et un parlement élus localement. Quant à la Nouvelle-Calédonie, elle devrait organiser d'ici à 2018 un référendum sur l'autonomie complète.

La population

Avec 67 millions d'habitants (dont 2,1 millions pour les DROM-COM), la France se place au 21e rang mondial (2014 : Allemagne 81,2 millions). Pour un voyageur allemand qui découvre le pays, la première impression est celle de grands espaces peu peuplés. En effet, la différence entre les densités de population de ces deux nations est frappante : L'Allemagne compte deux fois plus d'habitants par km^2 que la France (230 contre 115). Si 40 % des Français se concentrent dans quelques grandes zones urbaines et industrielles, en revanche 80 % du territoire comptent moins de 30 habitants/km^2.

Les régions les plus peuplées sont : l'Ile-de-France (Paris 21 000 habitants/km^2), les centres industriels (→ Le secteur secondaire p. 95), les côtes de Bretagne et de Provence, les vallées des grands fleuves et les pays d'agriculture spécialisée (→ L'agriculture p. 93). Les zones les moins peuplées sont les montagnes et les régions au sol pauvre.

L'évolution de la population : Les populations de France et d'Allemagne n'ont pas évolué de façon parallèle, comme le montre le tableau ci-contre (nombre d'habitants en millions):

---

la métropole *ici :* Mutterland – **jouir de** genießen – **comparable** vergleichbar – **une donnée** Gegebenheit – **l'espace** *m.* Platz, Raum – **la densité** Dichte – **en revanche** dagegen – **un sol** (Acker)Boden.

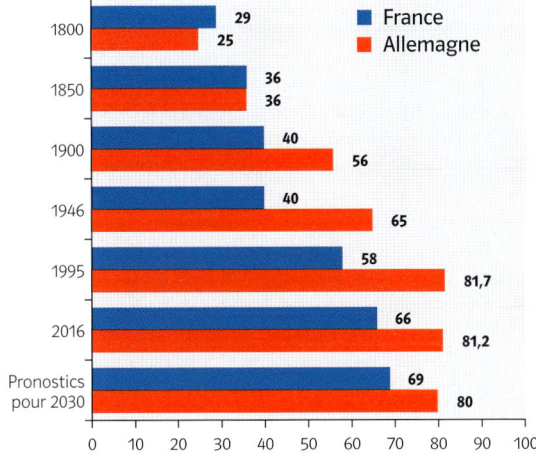

Après un demi-siècle de stagnation, la France a connu de 1946 à 1964 une période d'essor démographique due à la fois au « baby boom », à une immigration importante (→ Les étrangers en France p. 85) et à l'arrivée des rapatriés d'Algérie (→ L'achèvement de la décolonisation p. 50). Entre 1965 et 1976 la crise économique, à laquelle vient s'ajouter une conception nouvelle de la vie familiale (deux enfants, activité professionnelle de la femme), explique une baisse de la **natalité**. Entre 1980 et 1994, le nombre de naissances a diminué de 9 % avant de se stabiliser. En 2014, les Françaises avaient en moyenne 2 enfants, les Allemandes 1,5. Il est à noter qu'actuellement, le taux de natalité baisse en France, alors qu'il est en hausse outre-Rhin.

Le lent **vieillissement de la population** est un autre phénomène significatif. En 1950, 30 % des Français avaient moins de 20 ans et seulement 16 % étaient âgés de plus de 60 ans. Aujourd'hui, ces chiffres s'élèvent respectivement à 24 % et 25 %.

Les villes

La France compte plus de 36 600 **communes**, soit beaucoup plus que les autres états de l'Union européenne (UE). C'est plutôt un pays de moyennes et petites villes, même si presque 15 % de sa population habitent l'agglomération parisienne. Il y a environ 31 000 communes de moins de 2000 habitants dont 21 000 ont une

---

un essor Aufschwung – (être) dû, due à zurückzuführen (sein) auf – les rapatriés *m.* d'Algérie Algerienflüchtlinge – une baisse Rückgang – la natalité Geburtenziffer – un taux Rate – baisser zurückgehen – être en hausse steigen – outre Rhin auf der anderen Seite des Rheins, in Deutschland – le vieillissement Vergreisung – une agglomération Ballungsraum.

population inférieure à 500 personnes. Elles se situent surtout dans les zones montagneuses et le centre du pays. Autour de 1860, plus de la moitié de la population était encore rurale, aujourd'hui les communes urbaines (plus de 2000 habitants) regroupent plus de 75 % de la population (45 millions d'habitants).

En 1860, il y avait en France 4 villes de plus de 100 000 habitants ; leur nombre est actuellement supérieur à 50. Les six plus grandes unités urbaines sont : Paris 10 600 000 h., Lyon 1 600 000 h., Marseille 1 550 000 h., Lille 1 100 000 h., Nice 945 000 h, Toulouse 920 000 h.

Les petites villes sont réparties sur tout le territoire. Par contre les zones fortement urbanisées, où vivent 75 % des citadins, se trouvent concentrées dans les régions parisienne et lyonnaise, dans celles du Nord et de l'Est, ainsi que sur les côtes.

L'urbanisation et ses causes : A partir de 1840, on constate un « **exode rural** » vers les grandes cités, Paris en tête. Cet exode se poursuit jusqu'à la fin des années 1960 (en 1975, Paris compte 324 000 « émigrés bretons »). L'attrait des grandes agglomérations peut s'expliquer par l'industrialisation du pays, la baisse du secteur primaire (→ Le secteur primaire p. 93), le dynamisme économique des villes qui se modernisent, offrant ainsi plus de services, de loisirs, de confort. Les jeunes agriculteurs quittent massivement leurs terres, se font embaucher dans l'industrie et viennent peupler les banlieues ouvrières.

Depuis 1975, on assiste à un renversement de cette tendance : les petites villes de moins de 10 000 habitants et les villages proches des métropoles voient leur population augmenter rapidement aux dépens des grandes cités.

Ce choix de vie s'explique facilement : les rurbains profitent de la proximité d'une grande ville sans renoncer aux avantages de la vie à la campagne (vie moins chère, plus d'espace, moins de bruit et de pollution). Pour arriver à un nouvel équilibre entre la ville de Paris et le reste de la France, les gouvernements successifs ont pris des mesures dans le but de « décoloniser la province ». Parmi les plus importantes :

- création de cinq **villes nouvelles** dans la région parisienne (par exemple Evry, Cergy-Pontoise);
- **décentralisation** politique depuis 1982 (→ Les régions de France p. 10), Région, département et commune p. 66).

---

inférieur,e à unterhalb von – **montagneux, -euse** Gebirgs-, Berg- – **rural,e** ländlich – **être réparti,e sur** verteilt sein auf – **un citadin** Stadtbewohner – **l'urbanisation** f. Verstädterung – **l'exode rural** m. Landflucht – **un attrait** Reiz – **un renversement** Umkehrung – **aux dépens de** auf Kosten von – **un rurbain** Großstadtbewohner, der ins Umland gezogen ist – **la proximité** Nähe – **successif, -ive** aufeinanderfolgend – **une mesure** Maßnahme.

Les transports

Il suffit de jeter un regard sur les cartes pour constater que les réseaux de communication forment une toile d'araignée dont Paris est le centre. Les routes, les chemins de fer et les lignes aériennes relient directement les différentes régions à la capitale. L'axe nord-sud, Paris-Marseille, est de loin le plus important.

- **Les routes** : Le réseau routier est l'un des plus denses du monde : environ 1 000 000 km de routes. Le pays s'est engagé relativement tard dans la construction intensive d'autoroutes. Il y en a aujourd'hui 11 800 km, dont 9 000 à péage. En comparaison : le réseau routier allemand compte 660 000 km de routes, dont 13 500 km d'autoroutes.

Vue aérienne sur péage embouteillé

- **Les chemins de fer** : Le réseau actuel est plus réduit que par le passé, mais il a gagné en efficacité. Les 30 000 kilomètres (Allemagne : 33 500 kilomètres) sont pratiquement parallèles au réseau routier. Pour se rendre d'une région à l'autre, le plus simple est souvent de passer par Paris, surtout depuis qu'on a renoncé à certaines liaisons transversales pour des raisons économiques.

---

une toile d'araignée Spinnennetz – **dense** dicht – **s'engager** *ici :* in Angriff nehmen – **à péage** mautpflichtig – **une vue aérienne** Lutfbild – **embouteillé,e** verstopft – **l'efficacité** f. Effizienz, Leistungsfähigkeit – **transversal,e** quer-.

Géographie de la France

Le tunnel sous la Manche

En 1981, pour faire face à la concurrence de l'avion, la SNCF a mis en service le **TGV** (train à grande vitesse). Aujourd'hui, celui-ci transporte plus de 120 millions de voyageurs par an. Lyon est à présent à 1h55 de Paris, Marseille à 3 heures. En 2017, le « TGV Atlantique » reliera Paris à Bordeaux en 2h05 (au lieu de 7h30). Depuis 1994, « l'Eurostar », via le tunnel sous la Manche, assure en 2h20 la liaison entre Londres et Paris où se fait la jonction avec le « TGV sud-Est ». Le TGV « Thalys » relie Paris à Cologne en 3h20, Strasbourg est à présent à 1h50 et Stuttgart à 3h10 de la capitale. Le TGV utilise en partie des lignes construites spécialement, mais il emprunte aussi le réseau traditionnel.

- **Les transports aériens** : La communication aérienne intérieure est assurée par le groupe **Air France** qui dessert une cinquantaine de villes. Là aussi, le trafic est axé principalement sur Paris, mais il existe des liaisons directes entre certaines métropoles régionales.
- **Les voies fluviales** : Comparée à l'Allemagne, la France souffre dans ce domaine d'un retard considérable. Si le transport fluvial a une certaine importance au nord d'une ligne Le Havre–Dijon, son rôle est minime dans le reste de la France, excepté sur l'ensemble Saône–Rhône où il dessert la Méditerranée.

---

assurer *ici :* gewährleisten – **une jonction** Verbindung – **relier à** verbinden mit – **emprunter** *ici :* benutzen – **desservir** *ici :* regelmäßig anfliegen – **excepté,e** außer.

2 Paris

Mehr dazu
hi48h8

A partir du XIIIe siècle, les rois de France, qui résident à Paris, voient leur autorité s'affirmer sur presque tout le pays (→ Le Moyen Age p. 33). Paris devient alors le centre de la vie politique, économique, intellectuelle et culturelle de la France. Ce phénomène n'a d'équivalent dans aucun autre pays d'Europe.

Données géographiques

La ville de Paris, qui couvre 105 km², s'étend sur 9 km du nord au sud et sur 12 km d'est en ouest. Elle est située à la croisée de chemins historiques qui relient le sud-ouest de l'Europe à l'Europe du Nord et de l'Est. Ses 20 arrondissements forment une spirale dont le centre est constitué par l'**Ile de la Cité**.
La capitale est coupée en deux par la Seine. Traditionnellement, la rive droite est le centre des affaires et du commerce (Bourse, grandes banques, sièges sociaux de sociétés importantes, grands magasins) et le foyer de l'activité culturelle (Louvre, opéras, Comédie française, théâtres, musées).
La rive gauche, qui abrite la plupart des ministères, est depuis toujours le cœur intellectuel de la cité (Quartier Latin avec la Sorbonne, Grandes écoles, Académie Française, éditions et librairies).
Les quartiers élégants et résidentiels se trouvent dans l'ouest de la capitale (8e, 16e, 17e arrondissements) et les quartiers populaires, moins riches (19e, 20e arrondissements), plutôt dans l'est. Certains quartiers vétustes, comme Belleville, ont été rénovés. Les loyers ont alors augmenté, et les habitants, des immigrés en majorité, cèdent la place à ceux qu'on appelle les « bobos » (bourgeois-bohème) : une population plus aisée désirant vivre dans un quartier cosmopolite et « branché ».
Le **boulevard périphérique** marque les limites administratives de la ville et du département (75) de Paris. Au-delà s'étendent la **Petite Couronne** (départements 92, 93, 94) et la **Grande Couronne** (départements 77, 78, 91, 95) qui constituent depuis 1976, avec Paris intra-muros, la région **Ile-de-France**.

La population (→ p. 14)

Le nombre maximum d'habitants a été atteint en 1921, alors qu'au cours de la 2e moitié du XXe siècle, l'effectif de la ville de Paris n'a cessé de diminuer au profit de la Petite Couronne et surtout de la Grande Couronne (avec les cinq villes nouvelles de Cergy-Pontoise, Marne-la-Vallée, Melun-Sénart, Evry et Saint-Quentin-en-Yvelines).

---

s'affirmer sich durchsetzen – **une croisée de chemins** Wegkreuzung – **relier à** verbinden mit – **la Bourse** Börse – **le siège social** Firmensitz – **une société** *ici :* Unternehmen – **un foyer** *ici :* Zentrum – **abriter** beherbergen – **une édition** *ici :* Verlag(shäuser) – **une librairie** Buchhandlung – **résidentiel,le** vornehm – **vétuste** sanierungsbedürftig – **céder à** überlassen – **aisé,e** wohlhabend – **au-delà (de)** jenseits (von) – **Paris intra-muros** das innere Stadtgebiet von Paris – **l'effectif** *m.* Gesamteinwohnerzahl – **cesser** aufhören – **au profit de** zu Gunsten von.

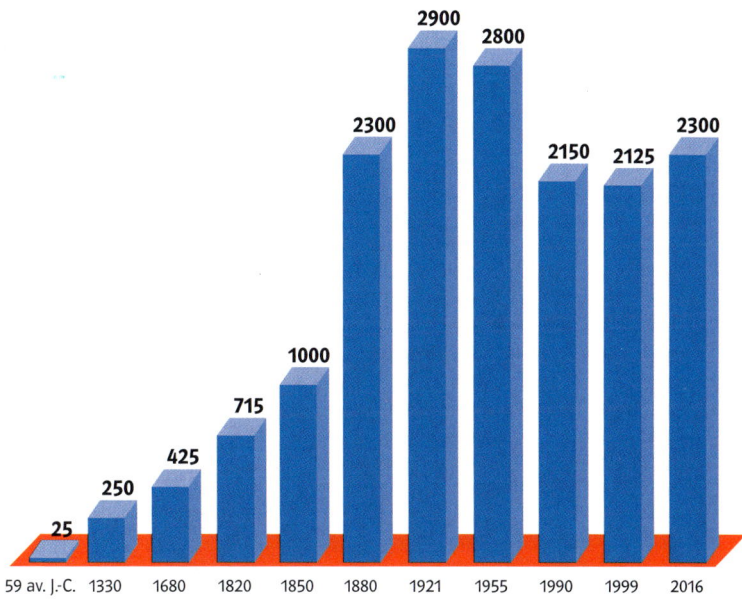

Évolution de la population de la ville de Paris (en milliers d'habitants)

A Paris, la population est plus âgée (un habitant sur six a plus de 65 ans) et plus bourgeoise que dans le reste de la région Ile-de-France. La proportion de personnes seules y est plus élevée. Les étrangers, qui représentent 17 % des Parisiens, se regroupent souvent par quartiers (par exemple les Chinois dans le 13e arrondissement, les Africains dans le quartier Barbès).

La région **Ile-de-France** (2,2 % de la superficie nationale) compte actuellement 12 million d'habitants, soit 18,7 % de la population française métropolitaine. Les profils sociaux les plus répandus en Ile-de-France sont ceux de cadre, employé et fonctionnaire (→ Les catégories socio-professionnelles p. 74). Le niveau d'instruction y est le plus élevé du pays.

---

une personne seule Alleinstehende(r) – **soit** *ici :* bzw. – **un cadre** leitender Angestellter – **un fonctionnaire** Beamter – **l'instruction** *f. ici :* Bildung.

Paris

Histoire

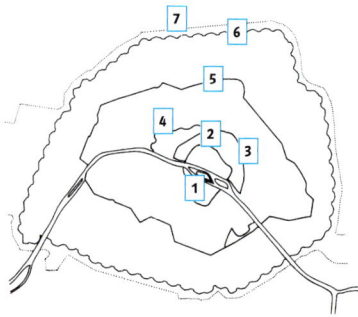

Les développements successifs de Paris apparaissent sur le plan comme les différentes étapes de la vie d'un arbre.

- 300 av. J.-C. : les **Parisii** (Gaulois) s'installent sur l'île de la Cité (1).
- 52 av. J.-C. : les Romains occupent le village gaulois et l'appellent Lutetia (**Lutèce**).
- 360 : Lutèce devient Paris.
- 508 : **Clovis** fait de Paris sa capitale.
- Au XIIIe siècle, sous le roi **Philippe Auguste**, la ville est entourée de remparts (2).
- 1257 : fondation de la première université (**Sorbonne**).
- Du XIVe au XVIIe siècle, la ville se développe vers le nord (murs construits sous Charles V (3) et sous Louis XIII (4)).
- 1680 : **Louis XIV** quitte Paris pour Versailles.
- Une nouvelle enceinte (5) entoure le Paris de la Révolution.
- La croissance rapide de la population fait exploser la capitale (mur de 1845 (6)).
- 1852–70 : naissance du Paris moderne (→ Haussmann et le Paris du XIXe siècle p. 25).
- 1870 : les Allemands assiègent Paris, le gouvernement se réfugie à Bordeaux (→ La guerre franco-allemande p. 44).
- 1878, 1889 et 1900 : expositions universelles.
- 1900 : la première ligne de métro est mise en service.
- 1900 et 1924 : Jeux Olympiques.
- De 1940 à 1944, Vichy est choisi comme siège du gouvernement **Pétain** (→ La France occupée p. 47).
- 1975 : Paris devient collectivité territoriale : la ville est à la fois commune et département (7).
- 1977 : **Jacques Chirac** est élu premier maire de Paris (depuis la Commune de 1871, la ville était sous la « tutelle » de l'Etat).
- 2015 : la ville de Paris s'est portée candidate aux Jeux Olympiques de 2024.

Clovis Chlodwig – **un rempart** Schutzmauer – **une enceinte** Stadtmauer – **la croissance** Wachstum – **assiéger** belagern – **se réfugier** Zuflucht finden – **une exposition universelle** Weltausstellung – **la tutelle** Vormundschaft.

Architecture

L'histoire de Paris ne se limite pas à une succession de faits et de dates, elle trouve aussi une illustration concrète dans les monuments qui sont les témoins des différentes époques.

Paris au Moyen Age
L'art français proprement dit commence avec les réalisations de l'époque gothique. Celle-ci est bien représentée par Notre-Dame de Paris et la Sainte-Chapelle.

De la Renaissance à l'Empire
Du XVIe siècle il reste principalement le nouveau palais du Louvre. Le XVIIe siècle est une période faste pour l'architecture. Sous **Henri IV**, premier urbaniste de Paris, sont réalisés le Pont-Neuf (1604), la Place Royale (aujourd'hui Place des Vosges) et la Place Dauphine. Pendant la régence de Marie de Médicis est édifié le palais du Luxembourg (de nos jours siège du **Sénat**; ($\rightarrow$ Le Parlement p. 63).
Le cardinal de Richelieu fait construire le Palais-Royal (1633).
La splendeur du règne de **Louis XIV** se reflète surtout dans le Château de Versailles, mais aussi dans l'Hôtel des Invalides, les hôtels particuliers du Marais et de l'île Saint-Louis.
Les témoignages les plus marquants du XVIIIe siècle sont l'Ecole militaire, le Panthéon où se trouvent les tombeaux de « Français illustres » (Voltaire, Rousseau, Hugo, Zola ; $\rightarrow$ Littérature p. 135/136, Les philosophes du « siècle des lumières » p. 163) et la Place de la Concorde. Cette dernière s'est d'abord appelée Place Louis XV, puis Place de la Révolution ; c'est là qu'était dressée la guillotine. L'Obélisque y a été érigé en 1836.
Le premier Empire a laissé quelques traces architecturales importantes : les arcs de triomphe du Carrousel et de l'Etoile qui célèbrent les victoires de Napoléon Ier, l'église de la Madeleine et la rue de Rivoli.

Haussmann et le Paris du XIXe siècle
La ville prend son visage actuel sous le Second Empire à la suite des grands travaux entrepris par le préfet **Haussmann** (1853 – 70), qui transforment la capitale ; entre autres : ponts, places, parcs, grands boulevards (pour faciliter l'intervention de l'armée en cas d'émeutes), construction de l'Opéra (Palais Garnier) et de gares (exemples de l'architecture en fer).
Les principaux monuments construits vers la fin du XIXe siècle sont : l'Hôtel de Ville (1874 – 82), la Tour Eiffel (320 m) érigée pour l'Exposition universelle de 1889, le Grand et le Petit Palais (1900) et le Sacré-Cœur (1876 – 1912).

---

une succession Abfolge – **un témoin** Zeuge – **proprement dit** im eigentlichen Sinne – **faste** prunkvoll, prächtig – **la régence** Regentschaft – **édifier** erbauen – **de nos jours** heute, heutzutage – **la splendeur** Glanz, Pracht – **un hôtel particulier** herrschaftliches Privathaus – **un témoignage** Zeugnis – **dresser** errichten – **ériger** aufstellen – **l'intervention** f. Eingreifen, Einschreiten – **une émeute** Aufstand.

Le Louvre

L'Arc de Triomphe   Notre Dame   La Grande Arche de la Défense

Le Pont Alexandre III et l'Hôtel des Invalides

Le Forum des Halles

La Fondation Louis Vuitton

La Cité de la musique

Paris au XXe siècle

Aucune capitale n'a jamais entrepris simultanément autant de grands travaux architecturaux que Paris à la fin du XXe siècle. En effet, les présidents de la République ont eu l'ambition de laisser des traces visibles et durables de leur passage. Parmi les plus grandes réalisations : le palais de l'Unesco (1958), la Tour Maine-Montparnasse en 1972 (210 m), le Centre national d'art et de culture Georges Pompidou (1977) ; à partir de 1979, le Forum des Halles (magasins, cinémas, restaurants), le Palais omnisports de Bercy (1984), la Cité des Sciences et de l'Industrie de la Villette (1986), la transformation de la gare d'Orsay en musée du XIXe siècle (1987), l'Institut du Monde arabe (1987), symbole du dialogue entre l'Occident et l'Islam ; la Pyramide du Louvre (1988), en verre et haute de 22 m ; l'Opéra Bastille (1989), la Grande Arche (1989), 110 m de haut, qui ferme la plus vaste perspective du monde (Louvre – Défense: 7,5 km). La Défense, quartier le plus futuriste et nouveau centre d'affaires de Paris, compte aujourd'hui quelque 40 tours. Inaugurée en 1995, la Cité de la musique, dans le parc de la Villette, regroupe un ensemble de services autour de la musique.

La nouvelle Bibliothèque nationale de France, dans le 13e arrondissement, a redonné une certaine valeur à un quartier vétuste et la construction du Stade de France à St-Denis (1998), au nord de Paris, a été accompagnée d'une modernisation de l'infrastructure dans la banlieue nord.

François Mitterrand a, plus encore que ses prédécesseurs, tenu à marquer la capitale de son empreinte : pendant ses deux septennats, 11 projets monumentaux (les « grands travaux du président ») ont été menés à terme.

Paris, aujourd'hui et demain

Au XXIe siècle, à part la Fondation Louis Vuitton (2014), peu de nouveaux bâtiments spectaculaires sont venus changer la face de la capitale. Les réalisations actuelles et les grands projets concernent surtout la réorganisation de l'espace public : la Place de la République a été totalement rénovée et en partie rendue aux piétons ainsi que les berges de la Seine, et des travaux très importants ont été entrepris pour moderniser le Forum des Halles. Dans les années qui viennent, de nombreux réaménagements sont prévus, aussi bien sur les Champs-Elysées que dans des zones défavorisées comme la Porte de la Chapelle. L'accent est mis sur la qualité de la vie et de l'environnement, et des hectares de parcs et de forêts devraient voir le jour.

---

simultanément gleichzeitig – **l'ambition** f. Ehrgeiz – **durable** dauerhaft – **vaste** weit, ausgedehnt – **inaugurer** einweihen, feierlich eröffnen – **un prédécesseur** Vorgänger – **tenir à** Wert legen auf – **marquer qc de son empreinte** etw. prägen – **mener à terme** vollenden – **à part** abgesehen von – **un piéton** Fußgänger – **les berges** f. Ufer.

Les transports

A Paris et en Ile-de-France, se déplacer n'est pas un problème… à condition de ne pas utiliser la voiture. Les embouteillages sont omniprésents, et il est très difficile de trouver une place pour stationner. De plus, la pollution rend l'air de la cité irrespirable. Le **métro** est donc préférable, même si ses rames sont bondées aux heures de pointe. Les bus circulent assez rapidement, grâce aux couloirs qui leur sont réservés.

Quant aux Franciliens qui travaillent à Paris, ils peuvent prendre le **RER** (Réseau express régional). Mais la migration entre Paris et sa banlieue est source de fatigue et de stress.

Un des grands projets actuels est la construction d'un métro automatique du Grand Paris, qui fonctionnera sans conducteur.

Le **Vélib** a de plus en plus d'adeptes parmi ceux qui n'aiment pas prendre les transports en commun. Ce service existe depuis 2007, et on peut s'y abonner à la journée ou à l'année. Il est très apprécié car il permet d'emprunter ou de laisser un vélo à l'une des nombreuses bornes réparties dans toute la ville. Le succès du Vélib' a incité la Ville de Paris à proposer un service Autolib', qui fonctionne selon le même principe mais avec des voitures électriques.

Les banlieues

La vie est très chère à Paris. La pénurie de logements fait qu'il est difficile de trouver un appartement à un prix abordable. C'est pourquoi il y a à Paris beaucoup de **SDF** (personnes **s**ans **d**omicile **f**ixe). De plus, le centre-ville se dépeuple au profit des cités **HLM** (**H**abitations à **l**oyer **m**odéré) de banlieue où règnent l'anonymat et l'insécurité.

Dans certaines banlieues, ces cités sont devenues des sortes de ghettos où vivent en majorité des immigrés. Le chômage y est très élevé, l'exclusion et le manque de perspectives y sont sources de violence et de racisme. Mais s'il est vrai qu'il y a beaucoup de délinquance dans ce monde à part que constituent les banlieues, il faut constater qu'il y a aussi beaucoup de solidarité. Quant à ce qu'on appelle la culture jeune (le rap, p. ex.), elle vient tout droit des banlieues.

---

un embouteillage Stau – **omniprésent,e** allgegenwärtig – **stationner** parken – **irrespirable** unerträglich – **une rame** Zug – **bondé,e** überfüllt – **les heures de pointe** Hauptverkehrszeit – **un couloir** *ici :* Fahrstreifen – **la migration** *ici :* Pendeln – **un adepte** Anhänger – **apprécier** schätzen – **une borne** *ici :* Station – **une pénurie** Knappheit – **abordable** erschwinglich – **une source** Quelle – **la délinquance** Kriminalität.

Economie

Bien que la **régionalisation** ait entraîné une certaine déconcentration industrielle, Paris reste la super-capitale de l'économie française, cumulant pratiquement toutes les fonctions de commandement. On y trouve tous les ministères; 96 % des banques et près de la moitié des autres entreprises y ont leur siège social. L'Etat réalise à Paris 45 % de ses recettes fiscales. Les médias (télévision, radio, presse nationale) sont également concentrés dans la capitale.

L'Ile-de-France est essentiellement une région de « cols blancs » (→ Les professions intermédiaires p. 76): le secteur tertiaire représente 70 % de son activité (30 % de l'effectif du pays). Pourtant, la région reste aussi le centre industriel de la nation avec l'industrie de pointe et des entreprises hautement spécialisées (aéronautique, automobile, pharmaceutique, optique). Le chômage y est moins fréquent et de moins longue durée, les salaires sont plus élevés que dans le reste de la France.

Plusieurs quartiers de la capitale conservent encore de nos jours une physionomie typique, conditionnée depuis des siècles par une activité professionnelle déterminée. Ainsi les industries du livre sont rassemblées autour de l'Opéra Garnier, de la place Vendôme et dans la rue de la Paix ; le faubourg Saint-Antoine reste le centre traditionnel du meuble ; le petit artisanat est installé dans le Marais. Cependant le manque d'espace dans la cité oblige de nombreuses entreprises, qui souhaitent s'agrandir et se moderniser, à s'implanter en banlieue ou même plus loin.

Le centre politique

En dépit des récents efforts de décentralisation, pratiquement toutes les décisions politiques d'intérêt national sont prises à Paris. En dehors de la Présidence de la République (**Palais de l'Elysée**) et de la résidence du Premier ministre (**Hôtel Matignon**) s'y trouvent tous les ministères, le Parlement (l'Assemblée nationale au **Palais Bourbon** et le Sénat au **Palais du Luxembourg**), de grandes instances comme le Conseil constitutionnel et le Conseil d'Etat, qui ont leur siège au Palais Royal, ainsi que les Grands Corps de l'Etat (par exemple la Cour des Comptes ; → L'organisation des pouvoirs p. 62, Le Parlement p. 63).

---

entraîner *ici :* mit sich bringen – **cumuler** anhäufen – **une fonction de commandement** Entscheidungsgewalt – **la recette fiscale** Steuereinnahme – **un col** Kragen – **essentiellement** im Wesentlichen – **le secteur tertiaire** Dienstleistungssektor – **l'industrie de pointe** f. Hochleistungsindustrie – **conditionner** bedingen – **une activité professionnelle** Berufstätigkeit – **rassembler** versammeln – **le petit artisanat** Kleinhandwerk – **s'implanter** sich ansiedeln – **en dépit de** trotz – **récent,e** jüngst – **en dehors de** außer, abgesehen von – **le Conseil constitutionnel** Verfassungsgericht – **le Conseil d'Etat** höchstes französisches Verwaltungsgericht – **les Grands Corps de l'Etat** Staatsorgane – **la Cour des Comptes** Rechnungshof.

Le rayonnement international

Dans le domaine de la politique internationale, Paris est le siège de l'**UNESCO** (Organisation des Nations unies pour l'éducation, la science et la culture) et de l'**OCDE** (Organisation de coopération et de développement économique). On y trouve aussi le siège de l'Organisation internationale de la francophonie (**OIF**). La réputation de la capitale n'est plus à faire en ce qui concerne l'industrie du luxe. Les grands de la **haute couture** et de la parfumerie (Dior, Chanel, Yves Saint-Laurent (YSL), J. P. Gauthier) imposent dans le monde entier les tendances de la mode. Des noms prestigieux comme Hermès, Cartier ou Louis Vuitton sont indissociables de Paris, et pour un jeune créateur, réussir dans la capitale de la mode est une garantie de célébrité internationale.
Par ailleurs, Paris est un pôle d'attraction pour les touristes de tous les pays (28 millions par an) et la première ville de congrès du monde.

Le Paris culturel et intellectuel

Bien sûr, la province n'est plus un « désert culturel », de nombreuses villes ont leur théâtre, leur opéra ou leur festival d'été, mais Paris reste une étape obligatoire pour l'artiste ou l'écrivain francophone qui cherche la consécration : on y trouve, entre autres, la plupart des **maisons d'édition**, les studios de **cinéma**, de **télévision** et de **radio** ; les grands **prix littéraires** ($\rightarrow$ p. 142) y sont attribués et les 21 **académies nationales** y siègent.
Pour l'amateur de culture, les possibilités sont immenses : 50 % des théâtres français se trouvent à Paris, ainsi qu'une centaine de musées, environ 400 cinémas et d'innombrables galeries. Dans le domaine théâtral, la capitale compte quatre des cinq établissements nationaux subventionnés par l'Etat : la **Comédie-française**, le **Théâtre national de Chaillot**, le **théâtre national de l'Odéon** et le **théâtre national de La Colline**.
En outre, 13 **universités** accueillant un tiers des étudiants français, la plupart des **grandes écoles** ($\rightarrow$ p. 79) et des instituts nationaux de recherche, par exemple l'Institut Pasteur et le Centre national d'études spatiales (CNES), sont concentrés en Ile-de-France.

---

imposer à *ici :* diktieren – **indissociable** untrennbar – **la célébrité** Berühmtheit – **par ailleurs** übrigens – **un écrivain** Schriftsteller – **une consécration** Weihe – **une maison d'édition** Verlag(shaus) – **innombrable** unzählig – **les études spatiales** Weltraumstudien.

3 Histoire

Mehr dazu
hi48h8

Les principaux vestiges de **l'époque préhistorique** sont les peintures de la grotte de Lascaux dans le département de la Dordogne (24) et de la grotte Chauvet dans celui de l'Ardèche (07) (→ p. 12/13), ainsi que les menhirs (pierres dressées) et dolmens (tables de pierre) dont la plupart se trouvent à Carnac en Bretagne.

Peintures de la grotte de Lascaux

L'Antiquité

- A partir de 1000 av. J.-C. : invasion des Celtes.
- 58 – 51 av. J.-C. : **guerre des Gaules**. César soumet les Gaulois (victoire d'Alésia en 52 contre Vercingétorix). La Gaule se romanise. Elle adopte la langue et la civilisation des Romains. On parle alors de l'époque gallo-romaine.
- Au début du Ve siècle, les Germains envahissent le pays.

Le Moyen Age

- **Clovis**, roi des Francs (481 – 511), conquiert presque toute la Gaule et fait de Paris sa capitale (508).
- 732: **Charles Martel** arrête les Arabes à Poitiers.
- **Charlemagne** (768 – 814) est couronné Empereur d'Occident en 800. Son but : reconstituer l'Empire romain. Il institue une administration centralisée.
- Naissance de la France : en 843, le **traité de Verdun** partage l'empire de Charlemagne en trois royaumes qui reviennent à Charles le Chauve (France), Lothaire (Lotharingie) et Louis le Germanique (Germanie).
- XIe siècle : début des Croisades. Grande époque de l'**art roman** (→ tableau, Le Moyen Age p. 143).
- Du XIIe au XIVe siècle : les rois **Philippe Auguste**, **Louis IX** (Saint-Louis) et **Philippe le Bel** agrandissent leur territoire et renforcent le pouvoir royal. La France est la première puissance européenne. Epanouissement de l'**art gothique** dont témoignent les cathédrales de Chartres, de Reims et Notre-Dame de Paris (→ tableau, Le Moyen Age p. 143).
- La **guerre de Cent Ans** entre la France et l'Angleterre (1337 – 1453) : Le roi d'Angleterre (petit-fils de Philippe le Bel) réclame la couronne française.

---

les vestiges *m.* Überreste – la peinture *ici :* Wandmalerei – un menhir Menhir, Hinkelstein – un celte Kelte – la guerre des Gaules Gallischer Krieg – soumettre qn unterwerfen – envahir einfallen – Clovis Chlodwig – les Francs Franken – conquérir erobern – couronner krönen – instituer einrichten – revenir à qn *ici :* zufallen – une croisade Kreuzzug – agrandir vergrößern – l'épanouissement *m. ici :* Blüte – témoigner de Zeugnis ablegen – une couronne Krone.

Après de nombreuses défaites pour la France, **Jeanne d'Arc**, une jeune fille de 17 ans, libère Orléans (1429) des Anglais. Elle fait sacrer Charles VII dans la cathédrale de Reims. Devenue le symbole de la résistance, Jeanne d'Arc est brûlée par les Anglais.

L'Ancien Régime

- **François I**er (1515–47) : son règne est caractérisé par une longue suite de guerres contre la maison de Habsbourg (Charles Quint). Les combats se déroulent surtout en Italie et font découvrir aux Français la brillante civilisation de la **Renaissance** italienne qui marque la fin du Moyen Age. Le roi soutient les artistes, les écrivains (Rabelais, Montaigne ; → tableau, Le XVIe siècle p. 143) et les savants (Léonard de Vinci), et dote le pays de nombreux châteaux (vallée de la Loire).
  Le français devient langue officielle (→ Les Français et leur langue p. 167).
- Les **guerres de Religion** (1560–98) : la Réforme calviniste menace le pouvoir des rois catholiques. Massacre de la **Saint Barthélémy** en 1572 : des milliers de protestants sont tués sur ordre du roi Henri III et de sa mère, Catherine de Médicis. **Henri de Navarre**, chef des protestants, met un terme aux guerres civiles en se convertissant au catholicisme pour être reconnu comme roi (« Paris vaut bien une messe ») : devenu roi sous le nom de **Henri IV** (1589–1610), il accorde aux protestants (**huguenots**) la liberté d'exercer leur religion (**Edit de Nantes** 1598).
- **Louis XIII** (1610–43) : son ministre **Richelieu** met fin à l'indépendance des nobles et agrandit le territoire jusqu'à ses frontières naturelles (Pyrénées, Rhin). Le traité de Westphalie (1648) donne l'**Alsace** à la France.
- **Louis XIV: le Roi Soleil**
  Le règne de **Louis XIV** (1661–1715) est le plus long de l'histoire de France, l'apogée du pouvoir personnel absolu, une ère de splendeur pour toutes les formes de l'art – mais c'est aussi une période de guerres et de misère.

Louis XIV

---

une défaite Niederlage – **libérer** befreien – **sacrer qn** zum König weihen – **brûler** verbrennen – **doter de** ausstatten mit – **menacer** bedrohen – **mettre un terme à** beendigen – **se convertir à** übertreten – **un apogée** Höhepunkt – **une ère** Zeitalter – **la misère** Elend.

La politique extérieure

Dans ce domaine, le but de Louis XIV est une politique de domination qui vise à l'hégémonie de la France en Europe et à l'agrandissement du territoire national au Nord et à l'Est (Rhin).

- La guerre contre l'Espagne (1667/68) rapporte à la France le sud de la Flandre (Lille).
- L'objectif de la **Guerre de Hollande** (1672–78) est l'élimination d'une concurrence industrielle et de la suprématie de la marine marchande hollandaise. Par les traités de Nimègue (1678/79), la France obtient la Franche-Comté, une autre partie de la Flandre et Fribourg-en-Brisgau.
- La **politique des « réunions »** : pour justifier ses revendications territoriales en Allemagne, Louis XIV fait valoir devant des « Chambres de réunion » françaises des « raisons historiques » : il annexe ainsi le Luxembourg et réaffirme ses droits sur l'Alsace et Strasbourg (1681).
- La **guerre de la ligue d'Augsbourg** (1688–97) : Louis XIV réclame des droits d'héritage sur le Palatinat. Il s'ensuit une guerre dévastatrice (1689 : destruction de Mannheim, Heidelberg, Spire, Worms). Par la paix de Ryswick (1697), la France conserve Strasbourg et l'Alsace mais doit rendre les autres territoires annexés après 1678.
- La **Guerre de Succession d'Espagne** (1702–14) est la première guerre de dimensions européennes. Elle prend fin avec les paix d'Utrecht (1713) et de Rastatt (1714). La France vaincue sauvegarde ses conquêtes, mais cède des possessions canadiennes aux Anglais. Ces traités consacrent de plus la création du royaume de Prusse (1701).
- **Bilan** : la France a acquis de nouveaux territoires et des colonies (Antilles, Réunion, Louisiane), mais elle a perdu sa domination en Europe au profit de l'Angleterre.

La politique intérieure

Louis XIV incarne par excellence la **monarchie absolue** de droit divin (« Un roi, une foi, une loi »). L'**Etat absolu** du Roi Soleil (« L'Etat, c'est moi ») devient le modèle pour toute l'Europe. Louis XIV concentre tout le pouvoir entre ses mains et surveille le fonctionnement des institutions dans les moindres détails. Il choisit des ministres compétents (Colbert) parmi la bourgeoisie ; les nobles ne sont plus que des courtisans réunis à Versailles. Les intendants, nommés et révoqués par le monarque, représentent celui-ci dans les provinces. Pour pouvoir satisfaire les besoins financiers de la couronne (la cour, les guerres), Colbert instaure un système protectionniste et **mercantiliste** : importation de matières premières,

---

viser à abzielen auf – **l'hégémonie** f. Vormachtstellung – **une suprématie** Überlegenheit, Spitzenstellung – **une revendication** Forderung – **faire valoir** ici : geltend machen – **la Chambre de réunion** Reunionskammer (von Ludwig XIV geschaffene rechtliche Instanz zur Rechtfertigung von Gebietsannexionen) – **un héritage** Erbschaft – **le Palatinat** Pfalz – **il s'ensuit** daraus entsteht – **dévastateur, -trice** verheerend – **la Guerre de Succession** Erbfolgekrieg – **sauvegarder** behalten – **consacrer** ici : bestätigen – **la Prusse** Preußen – **la foi** Glaube – **révoquer qn** ici : entlassen.

exportation de produits finis. Cette politique contribue à la prospérité du pays. Elle a pour conséquence le développement de l'industrie et des manufactures (fonderie, faïence, tapisserie) aux dépens de l'agriculture, la construction d'un réseau routier dont le centre est Paris, la création d'une marine marchande et l'abolition de douanes intérieures.

Le grand siècle

Ce titre de gloire est en partie mérité : vers 1685, le pays est le plus prospère, le plus peuplé (20 millions) et le plus puissant d'Europe. La culture française rayonne sur tout le continent. La littérature classique est dominée par des auteurs comme Corneille, Racine, Molière (→ Le XVIIe siècle p. 135), tous au service du monarque ; le roi protège les savants, les musiciens et les peintres. Le français devient la langue des élites européennes.

Le **château de Versailles** symbolise le prestige du Roi Soleil. Commencés en 1661, les travaux durent plus de 50 ans. Louis XIV s'y installe avec sa famille et tous les Grands du royaume (la « maison du roi » compte jusqu'à 10 000 personnes). Un cérémonial précis, « l'étiquette », règle minutieusement le rythme de la cour sur la vie du roi.

Le revers de la médaille

Les guerres et la cour vident les caisses de l'Etat, des crises économiques secouent le pays à partir de 1693. La révocation de l'**Edit de Nantes** (1685 ; → L'Ancien Régime p. 34) représente sans doute la plus grosse erreur en politique intérieure : après l'interdiction du culte protestant, environ 400 000 **huguenots** quittent clandestinement le pays (20 000 pour Berlin), ce qui affaiblit considérablement l'économie. Beaucoup de ceux qui restent se révoltent (Cévennes). Des maladies et des famines frappent les habitants des campagnes (80 % des Français). En 20 ans, la population de la France diminue d'un million.
Après 54 ans de règne absolu, Louis le Grand meurt impopulaire, laissant le royaume dans une situation financière catastrophique.

La Révolution française

La Révolution française ne se limite pas à la seule année 1789 ; on peut distinguer plusieurs phases qui s'étendent sur dix ans, entre le printemps 1789 et le 9 novembre 1799 (→ Chronologie des événements p. 37). Les changements qu'elle a apportés ne sont pas seulement politiques mais également sociaux, juridiques, administratifs et économiques (→ Conséquences de la Révolution p. 40).

---

contribuer à beitragen – **la prospérité** Wohlstand, Blüte – **une manufacture** Handwerk – **une fonderie** Gießerei – **la faïence** Steingut – **la tapisserie** *ici :* Wandteppich – **aux dépens de** auf Kosten von – **l'abolition** *f.* Abschaffung – **une douane** Zoll – **mériter** verdienen – **secouer** erschüttern – **la révocation** Aufhebung – **le culte** *ici :* Religion – **clandestin,e** heimlich – **affaiblir** schwächen – **la famine** Hungersnot – **s'étendre sur** sich erstrecken über.

Causes principales de la Révolution

Après les nombreuses guerres de **Louis XIV**, de **Louis XV** (**Guerre de Sept Ans** contre l'Angleterre et la Prusse 1756–63) et de **Louis XVI** (intervention coûteuse dans la guerre d'indépendance américaine), la France est au bord de la ruine. Les impôts n'arrêtent pas d'augmenter. Les tentatives de réformes fiscales pour assainir les finances de l'Etat échouent car le premier état (le **clergé**) et le second état (la **noblesse**) défendent leurs privilèges. Représentant 2 % de la population et possédant plus de 35 % des terres, ils ne payaient jusqu'alors pas d'impôts.
Le Tiers Etat (98 % de la population) qui se compose de la bourgeoisie, des paysans et du petit peuple, rejette les privilèges du clergé et de la noblesse et aspire à un pouvoir politique. En 1788, la récolte est particulièrement mauvaise, et les paysans ne peuvent plus faire face aux impôts (70 % de leurs revenus).
Les écrivains et les philosophes du « **siècle des lumières** » (→ p. 163) critiquent les injustices de l'Ancien Régime et prennent position pour des idées nouvelles : liberté religieuse et politique (**Voltaire**), séparation des pouvoirs (**Montesquieu**), souveraineté du peuple basée sur l'égalité entre les hommes (**Rousseau**).

Chronologie des évènements

1789 : les **Etats généraux** (représentation des trois états) se réunissent à Versailles (5 mai).
Le Tiers Etat devient **Assemblée nationale** (17 juin).
Serment du Jeu de Paume (20 juin) : les députés du Tiers Etat veulent donner une constitution au royaume.
Prise de la **Bastille** par le peuple de Paris (14 juillet. Officiellement Fête Nationale depuis 1879).
Révoltes dans toute la France ; abolition des privilèges du premier et second état.
Déclaration des droits de l'homme et du citoyen (26 août ; → Conséquences de la Révolution, Sur le plan universel p. 40).
1791 : en fuite vers l'Allemagne, la famille royale est arrêtée à Varennes (Meuse) et ramenée à Paris.
L'Assemblée Constituante vote la **Constitution** ; la monarchie devient constitutionnelle : le roi ne détient plus que le pouvoir exécutif (→ Conséquences de la Révolution p. 40).
1792 : victoire à Valmy (Marne) des « armées de la Révolution » sur les Prussiens.
Rouget de Lisle écrit la « **Marseillaise** », devenue hymne national en 1795.
Proclamation de la Ière **République**.
1793 : procès du roi. Exécution de **Louis XVI** et de la reine **Marie-Antoinette**.

---

l'intervention *f.* Intervention, Eingreifen – **coûteux, -euse** kostspielig – **les impôts** *m.* Steuern – **une tentative** Versuch – **fiscal,e** Steuer- – **assainir** sanieren – **échouer** misslingen – **le clergé** Klerus – **la noblesse** Adel – **rejeter** ablehnen – **aspirer à** streben nach – **une récolte** Ernte – **la séparation** Trennung – **se réunir** sich versammeln – **un serment** Schwur – **la salle du Jeu de Paume** Name eines Versammlungsortes in Versailles – **un député** Abgeordneter – **la prise de la Bastille** Sturm auf die Bastille – **la Déclaration des droits de l'homme et du citoyen** Erklärung der Menchen- und Bürgerrechte – **la fuite** Flucht – **détenir** innehaben – **la proclamation** Ausrufung.

La Prise de la Bastille

Début de la **Terreur** (**Robespierre**, les **Jacobins**) : les « ennemis de la liberté » doivent être éliminés (plus de 40 000 guillotinés).
Le pays entre en guerre contre la coalition des monarchies européennes (Autriche, Prusse, Angleterre, Espagne). Dans le même temps, une guerre civile oppose dans l'Ouest de la France les républicains au mouvement contre-révolutionnaire des Vendéens (royalistes).
1794 : exécution de Robespierre et fin de la Terreur.
1795–99 : la bourgeoisie modérée prend le pouvoir. Un **Directoire** de cinq, puis de trois hommes gouverne le pays et tente de rétablir l'ordre et la sécurité.
Victoires de **Napoléon Bonaparte** en Italie.
1799 : Coup d'Etat de Napoléon Bonaparte. Fin de la Ière République et de la Révolution.
Début du **Consulat** : trois consuls remplacent les directeurs. Bonaparte devient Premier consul et dispose pratiquement seul du pouvoir.

---

la Terreur Schreckensherrschaft *(Bezeichnung für die Zeit von 1793–94)* – **opposer qn à qn / qc** *ici :* jdn mit jdm / etw. in Konflikt bringen – **modéré,e** gemäßigt – **tenter de** versuchen zu – **un coup d'Etat** Staatsstreich – **disposer de** verfügen über.

Principaux extraits de la **Déclaration des droits de l'homme et du citoyen :**

Art. 1 :   Les hommes naissent et demeurent libres et égaux en droits.
Art. 2 :   Les droits naturels et imprescriptibles de l'homme sont la liberté, la propriété, la sûreté, et la résistance à l'oppression.
Art. 6 :   La loi est l'expression de la volonté générale, elle doit être la même pour tous.
Art. 7 :   Nul homme ne peut être accusé, arrêté ni détenu que dans les cas déterminés par la loi.
Art. 10 : Nul ne doit être inquiété pour ses opinions, même religieuses.
Art. 11 : Tout citoyen peut parler, écrire, imprimer librement.

Déclaration des droits de l'homme

---

demeurer bleiben - **imprescriptible** unantastbar - **nul,le** kein(e) - **détenir** *ici :* gefangen halten - **inquiéter qn** jdn belangen

Conséquences de la Révolution

Pour la France
- **Domaine politique** : le peuple obtient une Constitution écrite : **séparation des pouvoirs** législatif, exécutif et judiciaire.
  L'Assemblée législative est élue au **suffrage censitaire** (seuls votent les hommes âgés de plus de 25 ans et payant des impôts). Egalité de tous devant la loi et l'impôt.
  L'Etat et l'Église sont séparés.
- **Domaine administratif** : Réformes de l'administration : les anciennes provinces sont remplacées par 83 **départements** divisés en **arrondissements**, **cantons** et **communes** (→ Les départements p. 11 ; Région, département et commune p. 66).
  La **justice** est gratuite.
  L'Eglise perd le monopole de l'**enseignement**. Celui-ci devient public (accessible à tous) et est organisé en trois degrés : primaire, secondaire et supérieur (→ Le système scolaire p. 77). Création de plusieurs « **grandes écoles** » (→ p. 79).
- **Domaine social et économique** : la société bourgeoise remplace l'**Ancien Régime** (→ p. 34). Elle est basée sur le libéralisme économique.
  Le système métrique et décimal est introduit (pour les poids et mesures et pour la monnaie).
  Le budget du gouvernement doit être accepté par le Parlement.

Pour l'Europe
Les idées de la Révolution (liberté, égalité, fraternité) sont à l'origine de toutes les luttes des peuples européens pour la liberté et la démocratie.

Sur le plan universel
Les **droits de l'homme** deviennent le symbole d'une société idéale : Les hommes naissent et demeurent libres et égaux en droit. La liberté, la propriété, la sécurité et la résistance à l'oppression sont des droits naturels. Personne ne doit être inquiété pour ses opinions politiques ou religieuses.

Napoléon Bonaparte

Par ses réalisations à l'intérieur et ses guerres de conquête, Napoléon Bonaparte apparaît comme une des principales figures de l'histoire de France.

---

le suffrage censitaire Zensuswahlrecht – l'enseignement *m.* Unterricht(swesen) – accessible zugänglich – le poids Gewicht – les mesures *f.* Maße – une lutte Kampf – les droits de l'homme Menschenrechte – l'oppression *f.* Unterdrückung – inquiéter qn *ici :* belangen.

Notice biographique

1769 : naissance à Ajaccio (Corse).
1799 : Premier Consul avec tous les pouvoirs. Impose au pays une constitution autoritaire.
1802 : Consul à vie.
1804 : Bonaparte se sacre, à Paris, Napoléon Ier, empereur des Français.
1814 : première abdication. Exilé sur l'île d'Elbe.
1815 : les « **Cent-Jours** » : retour d'exil, bataille de **Waterloo**. Abdication définitive.
1815 – 21 : exil et mort sur l'île de Sainte-Hélène, située au milieu de l'océan Atlantique.

La politique intérieure

Napoléon conserve en partie l'héritage de la Révolution et donne au pays une nouvelle organisation.
La plupart des réformes sont mises en œuvre dès le Consulat.
Les plus importantes sont :
- le renforcement du système centraliste (→ Les régions de France p. 10), qui sera effectif jusqu'en 1982. Les **préfets** (→ Les départements p. 11) sont « l'œil du gouvernement ».
- l'institution d'un service public basé sur des fonctionnaires nommés, payés et contrôlés par l'Etat.
- la réorganisation du système juridique : les juges sont désignés par le pouvoir central.
- le Code civil (**Code Napoléon**), qui confirme les grands principes de 1789. Ce code servira de modèle pour d'autres pays (Allemagne, Italie, Espagne).
- l'organisation minutieuse du système policier : la police sera la principale arme à l'intérieur.
- de nouvelles lois financières : création de la Banque de France et du « franc germinal » (monnaie française jusqu'en 1919).
- le développement de l'industrie, de l'agriculture, du commerce et de l'infrastructure du pays.

---

imposer à auferlegen – **se sacrer** sich krönen zu – **une abdication** Abdankung – **exiler** verbannen – **mettre en œuvre** umsetzen – **le renforcement** Stärkung – **un service public** *eine Art öffentlicher Dienst* – **un juge** Richter – **désigner** *ici :* ernennen – **confirmer** bestätigen.

- la réforme de l'enseignement : création des lycées et collèges « pour former une élite capable de diriger la France ». Les principes de « l'université impériale » resteront valables jusqu'en 1968.
- le **Concordat** avec le Vatican (1801), qui mettra le clergé sous le contrôle du gouvernement jusqu'en 1905.

On peut considérer comme positive l'œuvre de Napoléon en tant que législateur centralisateur. Il est le père de l'Etat moderne fortement organisé.

La politique extérieure
Les buts de Napoléon sont l'unification de l'Europe continentale sous domination française et la lutte contre l'hégémonie coloniale et maritime de l'Angleterre. Pendant une vingtaine d'années, la France se trouve en guerre contre les autres puissances européennes (Angleterre, Autriche, Prusse, Russie, Suède, Espagne), qui s'engagent alternativement dans différentes coalitions dirigées contre Napoléon (→ Napoléon et l'Allemagne p. 43).

Les guerres napoléoniennes
1797 : l'Autriche cède à la France ses possessions sur la rive gauche du Rhin.
1805 : la flotte française est anéantie à Trafalgar. Napoléon écrase les Autrichiens et les Russes à Austerlitz.
1806 : Napoléon déclare contre l'Angleterre le **blocus continental**, qui se soldera par un échec (→ Carte p. 43).
1808–14 : lors de ses interventions en Espagne, l'armée française essuie ses premiers revers.
1811 : le Grand Empire atteint son extension maximale. Napoléon a placé des membres de sa famille à la tête de plusieurs états.

Le déclin
1812–13 : Napoléon réunit une « armée de 20 nations » (700 000 soldats) et envahit la Russie. Après les premiers succès (prise de Moscou), c'est la catastrophe du passage de la Bérézina et la retraite désordonnée de la Grande Armée (seulement 10 000 survivants).
1813 : l'armée napoléonienne est vaincue à Leipzig (bataille des Nations).
1815 : les troupes de la coalition (Wellington, Blücher) infligent à Napoléon la défaite définitive de **Waterloo**.

Bilan
Contre l'Angleterre et ses alliés, Napoléon a gagné la plupart des batailles…
mais il a perdu la guerre. 20 ans de combats ont couvert l'Europe de ruines et fait environ 3 millions de victimes.

---

en tant que als – **céder à** abgeben – **anéantir** vernichten – **écraser** *ici :* vernichtend schlagen – **se solder par** sich erweisen als – **un échec** Scheitern – **lors de** anlässlich – **essuyer un revers** Rückschlag erleiden – **un déclin** Niedergang – **une retraite** *ici :* Rückzug – **infliger** *ici :* zufügen – **couvrir** bedecken – **une victime** Opfer.

Napoléon à Waterloo

Napoléon et l'Allemagne

La Prusse participe à quatre des sept guerres de coalition. Par contre, entre 1806 et 1813, la plupart des autres états allemands sont les alliés de Napoléon.
1803 : le recès de l'Empire allemand modifie profondément la carte de l'Allemagne : Napoléon réduit le nombre des états (de 343 à 39), ainsi presque tous les petits états et principautes épiscopales sont supprimés. Le Bade, le Wurtemberg et la Bavière s'agrandissent considérablement.
1805 : la Bavière et le Wurtemberg deviennent des royaumes.
1806 : Napoléon se proclame protecteur de la **Confédération du Rhin** (→ Carte) et gagne ainsi de nombreux vassaux. Les états allemands s'inspirent fortement du modèle français en reprenant des idées de la Révolution, une administration centralisée et une législation copiée sur le Code civil : c'est la fin du Saint-Empire romain germanique.
La bataille d'Iéna marque l'effondrement de la Prusse. Napoléon entre dans Berlin.
1807 : La Prusse perd ses territoires à l'ouest de l'Elbe lors du traité de Tilsit. Jérôme Bonaparte devient roi de Westphalie.

---

le recès Reichsdeputationshauptschluss (letzter Beschluss des Regensburger Reichstags des Heiligen Römischen Reichs Deutscher Nation über die Entschädigung der Fürsten, die Gebiete an Frankreich abtreten mussten) – **une principauté épiscopale** geistliches Fürstentum – **considérablement** beträchtlich – **se proclamer** sich ernennen zu – **la Confédération du Rhin** Rheinbund – **un vassal** Vasall – **l'effondrement** m. Zusammenbruch.

Naissance de la conscience nationale allemande

La domination étrangère ainsi que des courants littéraires et philosophiques (Schiller, Fichte) éveillent le sentiment d'appartenir à une même communauté ethnique, culturelle et politique. Cette prise de conscience aboutit à des réformes administratives, sociales et militaires et à la guerre de libération (Leipzig 1813). Ainsi Napoléon, qui a détruit le Saint-Empire, est devenu malgré lui l'unificateur de l'Allemagne.

De la Restauration à la IIIe République (1815–1870)

Pendant la **Restauration** (1815–1830), les rois Louis XVIII (1815–1824) et Charles X (1824–1830) mènent une politique réactionnaire qui favorise l'ancienne aristocratie.

En 1830, une nouvelle révolution donne naissance à la **Monarchie de Juillet** (Louis-Philippe 1830–1848). Cette période, marquée par une grande instabilité politique, voit l'avènement de la bourgeoisie.

1848–52 : Révolution et **IIe République**. Louis Napoléon Bonaparte (neveu de Napoléon Ier) est élu président de la République au suffrage universel en 1848.

1852–70 : **Second Empire** (**Napoléon III**). D'une part, c'est une époque de prospérité et d'ordre : industrialisation (métallurgie, textile), développement des chemins de fer, modernisation des grandes villes (→ Haussmann et le Paris du XIXe siècle p. 25). Agrandissement du domaine colonial (Afrique, Indochine). D'autre part, Napoléon III engage la France dans de nombreuses guerres (Russie, Italie, Mexique).

La guerre franco-allemande (1870–71)

Causes : du côté allemand, Bismarck pense qu'un conflit armé avec la France cimenterait l'unité allemande. Cependant ce sont les Français qui déclarent la guerre, par peur de l'hégémonie prussienne, mais aussi pour défendre le prestige de l'Empire.

Déroulement : mal préparées et mal commandées, les armées françaises sont anéanties en six semaines (Sedan, Metz) ; Napoléon III est fait prisonnier, et les Prussiens assiègent Paris (septembre 70 – janvier 71). Après la capitulation du gouvernement de Défense nationale éclate la guerre civile de la **Commune de Paris** (mars – mai 1871). C'est une lutte entre le gouvernement élu par le reste de la France et l'assemblée de Paris : les Parisiens n'acceptent pas la capitulation ; la population ouvrière aspire à plus de justice sociale. Le ministre Thiers réprime sévèrement l'insurrection (plus de 30 000 morts).

---

un courant Strömung, Bewegung – **éveiller** wecken – **la prise de conscience** Bewusstwerden – **aboutir à** führen zu – **favoriser** begünstigen, fördern – **l'avènement** *m.* Machtergreifung – **engager qn dans qc** *ici :* jdn in etw. hineinziehen – **cimenter** zementieren – **anéantir** vernichten – **assiéger** belagern – **éclater** ausbrechen – **réprimer** niederschlagen – **sévèrement** *ici :* brutal – **une insurrection** Aufstand.

Conséquences de la guerre pour la France : par le traité de Francfort (1871), la France perd l'Alsace (→ De 1871 à la Première Guerre mondiale p. 110) et la partie germanophone de la Lorraine, ce qui entraîne une politique de revanche.

La IIIe République (1870–1940)

1870–1914 : Des réformes importantes marquent cette époque : établissement de libertés publiques, celle de réunion (1881), celle de la presse (1881) et celle des associations professionnelles ou syndicales (1884) ; création de lycées de jeunes filles (1880) ; l'**enseignement primaire** devient gratuit (1881), obligatoire et laïque (religieusement neutre) en 1882 (Jules Ferry) ; limitation du travail des enfants et des femmes et retraite ouvrière ; séparation de l'Eglise et de l'Etat (1905) ; (→ L'évolution de la société française aux 20e et 21e siècles p. 72).
Les traits dominants de la politique extérieure sont : une forte expansion de l'**empire colonial** en Afrique et en Indochine; l'**Entente cordiale** en 1904 (avec l'Angleterre) et la **Triple Entente** en 1907 (avec l'Angleterre et la Russie) qui répondent à la Triple Alliance entre l'Allemagne, l'Autriche et l'Italie.

La Première Guerre mondiale (1914–18)

Tous les partis politiques français se retrouvent dans l'« **Union sacrée** ».
La guerre de mouvement (1914) : après des batailles sans résultats tangibles (Lorraine, Marne) s'établit sur 780 km une ligne de front qui, pendant 4 ans, ne bougera pratiquement pas.
La guerre des tranchées (1915–17) : c'est une guerre d'usure, qui culmine à la bataille de **Verdun** (1916) où les Allemands sont repoussés par les troupes de **Pétain**. Les deux armées y perdent plus de 300 000 hommes.
1918 : Le général Foch lance les offensives décisives de l'Entente : les Allemands reculent sur tous les fronts. L'armistice est signé le 11 novembre 1918.
Cette guerre a coûté à la France, le pays le plus touché, 1,5 millions de vies ; la société est ébranlée, l'Etat endetté, la monnaie dépréciée.
1919 : Signature du **traité de Versailles** (→ p. 110).

---

entraîner mit sich bringen – **la retraite** Verrentung – **une expansion** Ausdehnung – **une entente** Zusammenschluss, Allianz – **cordial,e** *ici :* Zweier-(Allianz) – **triple** *ici :* Dreier-(Allianz) – **tangible** greifbar – **s'établir** entstehen – **une tranchée** Schützengraben – **l'usure** *f.* Abnützung – **culminer** seinen Höhepunkt erreichen – **un armistice** Waffenstillstand – **ébranler** erschüttern – **endetté,e** verschuldet – **déprécier** ab-, entwerten.

Bataille de la Somme (1916)

L'« Entre-deux-guerres » (1919–39)

1919–26 : Inflation galopante ; grandes grèves.

1926–29 : Sous le gouvernement d'union nationale de Poincaré, la reprise économique s'accompagne d'une stabilisation du franc et d'un faible chômage.

1931–36 : La crise économique frappe la France : faillites, grèves, chômage, agitation sociale. L'extrême droite se manifeste (**Action française**).

1936–38 : Gouvernement du **Front populaire** (alliance de la gauche) sous Léon Blum. Importantes réformes sociales : premiers congés payés (15 jours) ; réduction des heures de travail à 40 heures ; nationalisations. Mais la crise économique se prolonge (→ L'évolution de la société française aux 20e et 21e siècles p. 72).

1938–40 : Gouvernement Daladier : lente reprise économique ; pourtant à la veille de la guerre, le pays est affaibli, divisé et mal préparé au conflit.

---

une grève Streik – **une faillite** Pleite – **les congés payés** bezahlter Urlaub – **se prolonger** sich fortsetzen – **la reprise** *ici :* Erholung.

La Seconde Guerre mondiale (1939 – 45)

La France envahie (1940)
3 septembre 1939 : la France déclare la guerre à l'Allemagne nazie après l'invasion de la Pologne.
De septembre 39 à mai 40 : l'armée française reste passive ; c'est pourquoi on appelle cette période « **la drôle de guerre** ».
10 mai 1940 : Hitler attaque la France. En quelques semaines, c'est la défaite totale : l'armée française est vaincue (Sedan, Dunkerque), le gouvernement quitte Paris, des millions de civils s'enfuient vers le sud : c'est « l'**exode** ».
22 juin 1940 : le maréchal **Pétain**, héros de la guerre 1914 – 18, accepte l'armistice : l'Alsace-Lorraine est annexée, la France est divisée en une **zone occupée** au nord et une **zone libre** au sud, et elle doit payer l'entretien des troupes d'occupation.

La France occupée (1940 – 44)
Le maréchal Pétain devient chef de « L'**Etat français** ». Le gouvernement, installé à Vichy, restaure les « **valeurs traditionnelles** » (Travail, Famille, Patrie), dissout les partis politiques et appelle à la **collaboration** avec l'occupant. Des milliers de Juifs et d'opposants sont arrêtés et déportés en Allemagne. Une milice française sévit contre les résistants.
En 1942, les Allemands occupent la **zone libre**.
En 1943, le STO (Service du travail obligatoire) en Allemagne est institué pour les jeunes de 21 à 23 ans. Beaucoup de ceux qui refusent de se soumettre rejoignent des groupes de résistants.

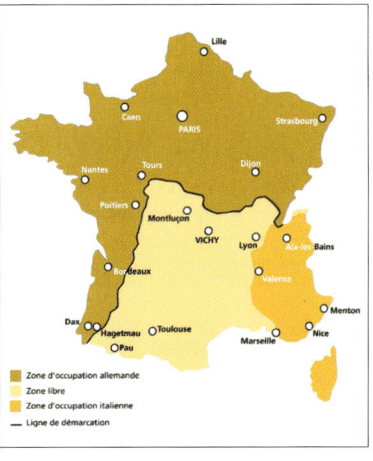

La Résistance
Le 18 juin 1940, le général **de Gaulle** lance, depuis Londres, son premier appel à la **résistance extérieure**. Il organise les **FFL** (Forces Françaises Libres) qui reprennent le combat aux côtés des Alliés. Le « Comité national français » se proclame « gouvernement de la France libre » (Londres 1941). Il devient, en 1943, le « Comité français de Libération nationale ».

---

la drôle de guerre Sitzkrieg – **une défaite** Niederlage – **s'enfuir** fliehen – **l'entretien** *m*. Unterhalt – **restaurer** wieder einführen – **dissoudre** auflösen – **la collaboration** Kollaboration, Zusammenarbeit – **un occupant** Besetzer – **sévir** rücksichtslos vorgehen – **instituer** einrichten – **se soumettre** sich unterwerfen – **rejoindre** sich anschließen – **un appel** Aufruf – **un combat** Kampf.

La **résistance intérieure** : à partir de 1942, des réseaux clandestins de plus en plus importants se constituent en France. Le « Conseil National de la Résistance », créé par Jean Moulin, reconnaît l'autorité du général de Gaulle. Les résistants organisent des filières d'évasion vers l'Angleterre, établissent des réseaux de renseignements, font de la contre-propagande et affaiblissent l'ennemi par des actes de sabotage. En 1944, ces combattants se regroupent dans les **FFI** (Forces françaises de l'intérieur) et participent à la libération.

La Libération

Le 6 juin 1944, les Alliés débarquent en Normandie, puis en Provence (août). Paris est libéré le 25 août.
De 1944 à 1946, un gouvernement provisoire dirigé par de Gaulle s'installe à Paris. Les règlements de comptes entre résistants et collaborateurs (« l'**épuration** ») déchirent le pays (entre 1944 et 1945 : plus de 10 000 exécutions, souvent sans procès). Le nouveau gouvernement engage des réformes importantes (→ L'évolution de la société française aux 20e et 21e siècles p. 72). En désaccord avec la majorité de l'Assemblée constituante, élue en 1945, de Gaulle démissionne en 1946.

La IVe République (1946 – 58)

La nouvelle Constitution (→ L'organisation des pouvoirs p. 62) donne des pouvoirs étendus à l'Assemblée nationale, ce qui entraîne une grande instabilité politique (plus de 20 gouvernements en 12 ans). D'autre part, l'œuvre économique et sociale de cette République est considérable : l'économie est restructurée grâce au « Plan de modernisation et d'équipement » (plan Monnet) et au plan Marshall (aide des Etats-Unis à l'Europe). Le pays connaît, à partir de 1950, une période de grand essor : l'industrie se développe, le plein-emploi est assuré. En 1950 est instauré le **SMIG** (salaire minimum national interprofessionnel garanti ; → L'évolution de la société française aux 20e et 21e siècles p. 72), et en 1956, on attribue une troisième semaine de congés payés. Mais les guerres coloniales coûtent cher : l'inflation permanente mécontente les Français, d'où de nombreuses grèves.

La décolonisation (16 ans de guerre)

La guerre d'Indochine (1946 – 54)

La France refuse de reconnaître l'indépendance de l'Indochine que réclame le mouvement du Viêt-minh, dirigé par Ho-Chi-Minh. Il en résulte une longue

---

clandestin,e heimlich, unerlaubt – **une filière d'evasion** Fluchtweg – **débarquer** landen – **le règlement de compte** Abrechnung – **l'épuration** f. Reinigung, Säuberungsaktion – **déchirer** zerreißen – **un désaccord** Unstimmigkeit, Uneinigkeit – **démissionner** zurücktreten – **un essor** Aufschwung – **le plein-emploi** Vollbeschäftigung – **attribuer** *ici :* geben, gewähren – **mécontenter qn** unzufrieden machen.

guerre. La défaite française de Diên Biên Phu (1954) aboutit à l'indépendance de l'Indochine (Viêt-Nam, Laos, Cambodge).

La guerre d'Algérie (1954 – 62)

En 1954, les attentats du **FLN** (Front de libération nationale) provoquent une révolte des « **pieds-noirs** », qui ne veulent pas que la France renonce à un pays où ils sont nés. Paris engage une guerre qui déstabilise la nation financièrement, moralement et politiquement. Les gouvernements sont trop faibles pour résoudre la crise.

En mai 1958, craignant des négociations avec le FLN, des Français d'Algérie soutenus par l'armée francaise forment un « Comité de salut public » qui réclame une « Algérie française » : la guerre civile menace. Dans ces conditions, le général **de Gaulle** est rappelé pour former un gouvernement et obtient les pleins pouvoirs pour élaborer une nouvelle Constitution.

La Ve République (depuis le 28-9-1958)

Les années 1958 à 1969 sont dominées par la personnalité de **Charles de Gaulle** (1890 – 1970), sa volonté d'affirmer à l'intérieur l'autorité de l'Etat, et à l'extérieur le prestige et l'indépendance de la France.
En septembre 1958, la nouvelle Constitution, approuvée par **référendum** ($\rightarrow$ p. 63), instaure un régime parlementaire où le rôle du président de la République est considérable ($\rightarrow$ L'organisation des pouvoirs p. 62). De Gaulle est élu Président et se réserve de traiter lui-même les affaires importantes.

L'achèvement de la décolonisation

Le Maroc et la Tunisie avaient déjà obtenu leur indépendance en 1956. Arrivé au pouvoir grâce aux partisans de l'**Algérie française**, de Gaulle reconnaît néanmoins aux Algériens le droit à l'autodétermination (1959). Les années 1961/62 sont marquées par un putsch des généraux à Alger, des actes de terrorisme du **FLN** et de l'**OAS** (Organisation de l'armée secrète), hostile à l'indépendance de

---

un « **pied-noir** » Algerienfranzose – **une négociation** Verhandlung – **approuver** billigen – **instaurer** einführen – **l'achèvement** m Vollendung – **un partisan** *ici :* Anhänger – **néanmoins** nichtsdestotrotz – **l'autodétermination** *f.* Selbstbestimmung – **hostile** feindlich.

l'Algérie. En 1962, le pays obtient son indépendance par les **Accords d'Evian**. Près d'un million de « **pieds-noirs** » sont rapatriés.
Les colonies d'Afrique noire acquièrent leur autonomie au début des années 1960, mais la France y reste présente grâce à des accords de défense et d'aide économique (→ La politique africaine après la décolonisation p. 129).

Une politique étrangère nouvelle – la grandeur de la France
Convaincu du rôle historique de la France, de Gaulle affirme l'indépendance nationale, surtout vis-à-vis des Etats-Unis : il constitue une force nucléaire française (la « **Force de frappe** »), engage une politique de détente avec les pays socialistes et donne son appui aux nations qui veulent préserver leur autonomie face aux deux grands blocs.

La politique intérieure
L'essor économique s'amplifie : une monnaie plus stable (le « nouveau franc », 1960) et des plans économiques (concentration des entreprises, accélération de la recherche, conquête de marchés extérieurs) permettent une expansion rapide. La France entre dans la phase de la consommation de masse.
En 1962, la proposition d'élire le président de la République au suffrage universel est approuvée par **référendum** (→ p. 63).
Mais la croissance économique fait des victimes : agriculteurs, ouvriers, petits commerçants protestent contre l'inégalité sociale. De Gaulle est réélu en 1965, et en **mai / juin 1968** éclate une crise qui secoue profondément la République : la jeunesse intellectuelle se dresse contre la société de consommation et les injustices sociales. Les étudiants manifestent violemment dans les rues. Dans un premier temps, les ouvriers se joignent à leur mouvement : des grèves paralysent le pays, le gouvernement est pris de panique. Après s'être assuré le soutien de l'armée, de Gaulle dissout l'Assemblée nationale. Aux élections législatives de juin, les gaullistes, qui réunissent différents groupes de droite, remportent la majorité absolue : les Français ont eu peur de l'anarchie ! (→ L'évolution de la société française aux 20^è et 21^è siècles p. 72)

Le départ du Président
De Gaulle ne réussit pas à imposer sa réforme constitutionnelle (réforme du Sénat, régionalisation ; → Les régions de France p. 10) : les Français répondent « non » au référendum. Le 28 avril 1969, le Président démissionne.

---

un accord Abkommen – **rapatrier qn** jdn in sein Herkunftsland zurückbringen – **acquérir** erhalten – **la détente** Entspannung – **l'appui** *m.* Unterstützung – **s'amplifier** *ici :* sich verstärken – **une accélération** *ici :* Förderung – **le suffrage universel** allgemeines Wahlrecht – **la croissance** Wachstum – **secouer** erschüttern – **paralyser** lähmen – **le soutien** Unterstützung.

L'après-gaullisme (1969–81) – les héritiers

Les successeurs du Général de Gaulle maintiennent les principes de la Ve République. La politique étrangère reste fidèle au gaullisme, mais devient plus européenne (→ La France et l'Europe p. 123). Sous **Georges Pompidou** (1969–74), l'expansion économique se poursuit : politique industrielle moins nationaliste, soutien aux industries performantes de haute technologie. Sur le plan social, de nouvelles orientations sont adoptées : la « **nouvelle société** » veut répondre à certaines revendications de mai 1968 (→ L'évolution de la société française aux 20e et 21e siècles p. 72). L'idée de régionalisation est reprise (→ Les régions de France p. 10). En 1972, les partis de gauche signent le « **Programme commun de gouvernement** » qui prévoit, en cas de victoire électorale, des nationalisations et des réformes sociales ; mais aux législatives de 1973, les partis conservateurs gardent leur majorité.

Après la mort de Georges Pompidou, **Valéry Giscard d'Estaing** est élu président de la République (1974–81) face à François Mitterrand, candidat de la gauche. Les chocs pétroliers (1973/1979/1980) entraînent la France dans une crise économique. L'inflation augmente et le chômage s'aggrave. Pour être moins dépendant du pétrole, l'Etat s'engage dans un vaste programme de centrales nucléaires (→ L'énergie p. 100).

Valéry Giscard d'Estaing se distingue par d'importantes mesures : l'âge de la majorité est abaissé à 18 ans, la Sécurité sociale est étendue à toute la population, l'avortement est légalisé (→ La maternité p. 81). A l'extérieur, la priorité revient à la politique européenne (→ La France et l'Europe p. 123).

La crise économique, l'usure du pouvoir et les divisions de la droite sont les causes majeures de la victoire de **François Mitterrand** (1916–96) aux élections présidentielles de 1981.

La gauche au pouvoir

Le premier Président socialiste de la Ve République dissout aussitôt l'Assemblée nationale. La gauche obtient également la majorité aux législatives. C'est « l'état de grâce » : le gouvernement d'« **Union de la gauche** » tente de tenir les promesses électorales : le **SMIC** (→ L'évolution de la société française aux 20e et 21e siècles p. 72) est relevé (de 10 %) ainsi que les **allocations familiales** (de 25 %), les travailleurs bénéficient, en outre de la semaine de 39 heures, d'une 5e semaine de congés payés et de la retraite à 60 ans. Neuf groupes industriels et 36 banques sont nationalisés. La peine de mort est abolie, la **décentralisation** mise en œuvre (→ Les régions de France p. 10).

---

un successeur Nachfolger – **maintenir** aufrechterhalten – **se poursuivre** sich fortsetzen – **performant,e** leistungsstark – **une revendication** Forderung – **s'aggraver** sich verschlimmern – **la majorité** *ici :* Volljährigkeit – **l'avortement** *m.* Abtreibung – **l'usure** *f.* Abnutzung – **l'état de grâce** *m.* Zustand der Gnade (in dem alles gelingt) – **relever** erhöhen – **les allocations familiales** Kindergeld – **bénéficier de** in den Genuss kommen von – **en outre** außerdem, darüber hinaus – **les congés payés** bezahlter Urlaub – **nationaliser** verstaatlichen – **la peine de mort** Todesstrafe – **abolir** abschaffen.

Mais la relance économique fait augmenter l'inflation et le problème du chômage n'est pas résolu.
A partir de 1982, le gouvernement impose une politique économique de rigueur : blocage des prix et des salaires, protection de l'économie nationale contre la concurrence étrangère. L'orientation de l'industrie vers les secteurs d'avenir aux dépens des branches traditionnelles (→ Le monde du travail p. 105) fait monter le chômage. Incapables de redresser la situation économique, les socialistes perdent les législatives de 1986. Pendant deux ans (1986 – 88), la vie politique est marquée par la première **cohabitation** entre un président de gauche et un gouvernement de droite.
En 1988, **François Mitterrand** est réélu Président et les législatives confirment le succès de la gauche. Mais les gouvernements successifs ne réussissent pas à régler le problème du chômage. Aux élections législatives de 1993, la droite remporte une victoire écrasante. C'est la deuxième **cohabitation** (1993 – 95). Un regard d'ensemble sur les années Mitterrand met en évidence une évolution très nette : alors que le premier septennat est marqué par des mesures sociales et des transformations importantes concernant la politique intérieure, on peut dire qu'au cours du second septennat, l'union de l'Europe et la coopération avec l'Allemagne sont devenues les objectifs prioritaires du président. Sur le plan intérieur, beaucoup de problèmes (crise économique, chômage, fracture sociale) restent sans solution.

François Mitterrand

La droite au pouvoir
Aux élections présidentielles de 1995, **Jacques Chirac**, candidat de la droite, est victorieux. Mais sa popularité baisse rapidement à cause des promesses électorales non tenues. Les tentatives de réforme du système de protection sociale se heurtent à des grèves massives.
En 1997, Jacques Chirac dissout l'Assemblée nationale. Aux élections législatives anticipées, la gauche remporte une victoire inattendue.
Parmi les mesures adoptées par le gouvernement de « **gauche plurielle** » (coalition de partis de gauche), on peut citer la création du PACS (pacte civil de

---

une relance (wirtschaftlicher) Aufschwung – **la rigueur** Härte, Strenge – **successif, -ive** aufeinanderfolgend – **écrasant,e** überwältigend – **une cohabitation** *ici : Zusammenarbeit zwischen einem linken Präsidenten und einer rechten Regierung oder umgekehrt* – **net,te** klar, unmissverständlich – **un septennat** siebenjährige Amtszeit – **baisser** sinken – **se heurter à** stoßen / treffen auf – **anticipé,e** vorgezogen – **inattendu,e** unerwartet.

solidarité (→ Le couple p. 88), qui permet aux couples non mariés, hétérosexuels ou homosexuels, de bénéficier d'une reconnaissance juridique ; ou encore la réduction du travail à 35 heures par semaine. Le service national obligatoire est supprimé au profit d'une armée de métier (→ Le service militaire p. 70). De 1997 à 2000 la conjoncture économique est plus favorable que prévu, ce qui entraîne un recul du chômage. Dès 2001 cependant, le ralentissement de la croissance inverse cette tendance.

En septembre 2000, le mandat présidentiel est raccourci de 2 ans : le **septennat** fait place au **quinquennat**.

Le 1er janvier 2002, le franc est remplacé par l'euro.

Sur le plan international, la France s'engage dans le règlement du conflit yougoslave, et après les attentats du 11 septembre 2001, elle apporte son soutien à la politique américaine en Afghanistan.

Le résultat du 1er tour des présidentielles de 2002, marqué par un très fort taux d'abstention, est un choc pour toute la nation. Le socialiste **Lionel Jospin** n'arrive qu'en troisième place derrière **Jacques Chirac** et **Jean-Marie Le Pen**, le candidat de l'extrême droite. Tous les partis politiques, à part le FN, appellent alors à voter pour Chirac au 2e tour. Celui-ci est élu avec plus de 82 % des voix.

Aux législatives, la droite réunie sous le nom d'**UMP** (Union pour la majorité présidentielle) remporte la majorité absolue.

Dans les mois qui suivent, l'Europe est divisée sur la position à adopter lors de la guerre d'Irak. Chirac (de même que le chancelier allemand Schröder) se prononce contre la participation à une intervention militaire en Irak.

Jaques Chirac

Nicolas Sarkozy

le service national Wehr-/Zivildienst – **une armée de métier** Berufsheer – **le ralentissement** Verlangsamung – **inverser** umkehren – **un quinquennat** fünfjährige Amtszeit – **l'abstention** f. (Stimm-)Enthaltung – **à part** abgesehen von.

Histoire

Sur le plan économique, la situation se détériore : les essais de retour à l'équilibre budgétaire échouent, le chômage ne baisse pas.

En 2005, les Français se prononcent par référendum contre une constitution européenne. L'automne de la même année est marqué par des émeutes dans les banlieues des grandes villes, touchées par le chômage et où les jeunes se sentent exclus de la société.

Au total, le bilan de la présidence de Jacques Chirac est mitigé. On peut mettre à son actif son refus de tout compromis avec l'extrême-droite, la reconnaissance de la responsabilité de l'Etat français dans la déportation des Juifs pendant la 2e guerre mondiale. En revanche, ses tentatives de réformes dans les domaines de l'emploi, du social et de la santé n'ont pas été couronnées de succès. Il a souvent fait marche arrière sous la pression de la rue ou des syndicats.

En 2007, **Nicolas Sarkozy** est élu Président de la République. Il cultive un style « musclé » et met l'accent sur la sécurité, la lutte contre la délinquance et contre l'immigration clandestine.

Critiquant haut et fort l'immobilisme de son prédécesseur, il promet une grande quantité de réformes. Pourtant, seules quelques-unes d'entre elles verront le jour. Parmi les plus importantes, on peut citer : Le relèvement de l'âge de départ à la retraite de 60 à 62 ans, la limite de la fonction présidentielle à deux mandats consécutifs, la mise en place du **RSA** (Les « nouveaux pauvres » → p. 84) et la création d'un service civique volontaire.

Par contre, il n'engage pas de réformes de grande ampleur qui auraient pu moderniser les structures de la France et relancer le marché de l'emploi.

Dès la fin de l'année 2007, le mandat de Sarkozy est marqué par la crise économique mondiale. Il met en place un plan de sauvetage pour éviter la faillite des banques françaises.

Sur le plan de la politique extérieure, l'activité de Sarkozy se manifeste dans de nombreux domaines : Interventions militaires sur les foyers de crise (Afghanistan, Afrique noire, Libye), retour de la France dans l'OTAN, négociations en faveur d'une Constitution européenne (traité de Lisbonne, 2008), participation à la création du G 20.

A la fin du quinquennat, la situation de la France n'est pas brillante : récession, forte augmentation du chômage et de la dette publique, stagnation de l'économie sont les conséquences de la crise économique et d'une politique plus activiste que conséquente.

Battu aux élections présidentielles de 2012 par le socialiste François Hollande, Sarkozy se retire de la vie politique. Il fait son retour sur la scène politique en 2014 en retrouvant la présidence de son parti, l'UMP, qui devient « Les Républi-

---

se détériorer sich verschlechtern – **une émeute** Aufstand – **mitigé,e** *ici :* durchwachsen – **couronner** krönen – **faire marche arrière** einen Rückzieher machen – **la délinquance** Kriminalität – **un prédécesseur** Vorgänger – **le relèvement** Anhebung – **le service civique volontaire** freiwilliger Zivildienst – **l'ampleur** *f.* Weite, Reichweite – **relancer** ankurbeln – **le sauvetage** Rettung – **un foyer de crise** Krisenherd – **la dette publique** Staatsschulden – **se retirer** sich zurückziehen.

cains » en 2015 (→ Les partis politiques p. 73), et se met ainsi en position pour une candidature aux présidentielles de 2017.

François Hollande

Désigné candidat par le PS, **François Hollande** devient, en mai 2012, le 24e président de la République française et présente aux Français « 60 engagements pour la France » par lesquels il promet, entre autres : la construction de 500 000 logements par an dont 150 000 logements sociaux, le recrutement de 60 000 professeurs, des aides aux **PME** (Les entreprises → p. 105), une forte réduction de la part du nucléaire dans la production énergétique et le développement des énergies renouvelables.

Dans les faits, François Hollande est loin de pouvoir concrétiser tous ses engagements. Parmi les promesses qu'il a tenues, on peut citer le retour partiel à la retraite à 60 ans, ainsi qu'une loi légalisant le mariage et l'adoption pour les couples homosexuels – loi très controversée, qui s'est heurtée à de nombreuses manifestations.

Par contre, il ne parvient pas à inverser la courbe du chômage ni à établir la stabilité fiscale qu'il avait promise, et sa cote de popularité tombe rapidement. Ce président, auquel l'opposition reproche souvent son manque d'autorité et de détermination, renonce à un certain nombre de réformes face à la contestation. Sa politique étrangère comporte, entre autres, une intervention militaire pour soutenir le Mali contre les groupes terroristes islamistes.

Pendant la crise de la dette publique grecque, il apporte un soutien actif à la Grèce pour l'aider à rester dans la zone Euro.

En janvier 2015, plusieurs attentats islamistes (dont celui dirigé contre le journal satirique « Charlie Hebdo ») frappent la capitale. En été de la même année, les guerres (en Syrie et en Irak, surtout) poussent une population toujours plus nombreuse à se réfugier en Europe. Les Français sont inquiets. Et pour certains d'entre eux, le Front national de **Marine Le Pen** (→ p. 65), avec ses solutions radicales, devient une option. La popularité du chef de l'Etat, elle, tombe à son plus bas niveau.

Le 13 novembre 2015, à Paris, plusieurs fusillades et attentats-suicides font 130 morts. Devant ce massacre, François Hollande parle de guerre contre l'Etat islamique et décide d'instaurer l'Etat d'urgence. Sa réaction énergique fait provisoirement monter son indice de popularité. Il entreprend un « marathon diplomatique » pour mettre en place une grande coalition internationale contre le terrorisme islamiste.

---

un engagement Verpflichtung – **un recrutement** Einstellung – **dans les faits** sachlich – **partiel,le** teilweise – **une courbe** Kurve – **la cote de popularité** Beliebtheit – **la contestation** Protest – **une fusillade** Schießerei – **un attentat-suicide** Selbstmordattentat – **un état d'urgence** Ausnahmezustand.

Histoire

En janvier 2016 est mis en place un nouveau découpage des régions (13 au lieu de 22) destiné à en alléger l'administration et à favoriser un nouvel équilibre entre les différentes régions de France.

La dernière année du quinquennat de Hollande est marquée par l'insécurité et la crise migratoire. Le 14 juillet, à Nice, un attentat au camion fait 86 morts et plus de 400 blessés. Cet acte de terrorisme, survenu en pleine Fête nationale, choque énormément les Français.

Sur le plan économique et social, la situation ne s'arrange pas beaucoup et le taux de chômage reste élevé. François Hollande, dont les sondages sont catastrophiques, renonce à une deuxième candidature.

Début 2017, le Parti socialiste (PS) et Les Républicains (LR) organisent des primaires pour désigner leur candidat à la présidentielle. Les Français sont nombreux à voter, surtout pour la primaire de la droite, remportée par **François Fillon**. Du côté socialiste, les électeurs donnent la préférence à **Benoît Hamon**, ancien ministre.

Parmi les onze candidats qui se présentent aux élections présidentielles en avril, quatre ont des chances : **François Fillon**, conservateur, le rebelle d'extrême-gauche **Jean-Luc Mélenchon**, **Marine Le Pen**, à la tête du Front National, et **Emmanuel Macron**, ancien ministre socialiste, qui a fondé, à peine un an auparavant, le mouvement socio-libéral « **En Marche !** ».

Au soir du 1er tour, le paysage électoral de la France est totalement bouleversé : Pour la 1ère fois depuis le début de la Ve République (1958) aucun des deux grands partis traditionnels n'est présent au 2e tour. A l'évidence, l'électorat ne se sent plus représenté par les classes politiques établies, qu'il juge trop éloignées des réels soucis du peuple. Entre les quatre favoris, les scores sont serrés : Macron arrive en tête avec 24 %, suivi de M. Le Pen (21,3 %), Fillon (20 %) et Mélenchon (19,5 %). Ce qui est frappant, c'est que plus de 40 % des électeurs ont donné leur voix à un mouvement extrémiste. Cette tendance est encore plus nette parmi les jeunes électeurs. Le candidat socialiste, quant à lui, est sévèrement battu (6,3 %). Partisan de Hollande, il n'a pas su convaincre.

Pour le 2e tour, les Français ont le choix entre deux candidats aux vues radicalement opposés sur la plupart des sujets. Entre le jeune **Macron** (39 ans), résolument pro-européen, et **Marine Le Pen**, qui propage des idées nationalistes et protectionnistes, c'est bien un choix de société qui est engagé. Il suffit de comparer leurs programmes pour le constater.

---

un découpage Auf-, Einteilung – **alléger** erleichtern, entlasten – **une crise migratoire** Zuwanderungskrise – **survenir** sich unerwartet ereignen – **le taux de chômage** Arbeitslosenquote – **les (élections) primaires** f. Vorwahlen – **désigner** nominieren – **remporter** gewinnen – **auparavant** früher, vorher – **bouleverser** ici : völlig verändern, erschüttern – **à l'évidence** offensichtlich – **établi,e** ici : traditionell, etabliert – **éloigné,e** (weit) entfernt – **un score** ici : Wahlausgang – **serré,e** eng – **quant à lui** seinerseits – **sévèrement battu** ici : vernichtend geschlagen – **résolument** ici : entschieden.

Macron	Le Pen
Economie et emploi	
– prône une baisse des dépenses publiques – veut réformer les structures économiques et simplifier le droit du travail	– revendique un « patriotisme économique » : favoriser les entreprises françaises et donner la priorité aux Français en matière d'emploi
Europe	
– pro-européen – veut réformer et moderniser les lois européennes – souhaite doter la zone Euro d'un budget propre – voit l'avenir de la France dans un partenariat avec l'Allemagne	– la France d'abord – anti-européenne – souhaite sortir de la zone Euro et même éventuellement de l'UE « Frexit » – veut rétablir les contrôles aux frontières et des taxes sur les produits importés
Immigration	
– veut améliorer les programmes d'intégration	– aucune chance pour les sans-papiers de légaliser leur situation ou d'obtenir la nationalité française – veut tout faire pour stopper l'immigration
Sécurité	
– veut démanteler les associations islamistes qui s'attaquent à la République – augmentation du nombre de policiers	– « tolérance zéro » – recrutement de 50 000 militaires, 15 000 policiers et 6000 douaniers

---

prôner fordern, verlangen – **revendiquer** fordern – **doter de** versehen mit – **rétablir** wiederherstellen – **démanteler** zerschlagen.

Au 2ᵉ tour, malgré l'importance de l'enjeu, les abstentions sont nombreuses, ainsi que les votes nuls et blancs (11%). **Emmanuel Macron** récolte 66% des voix et devient ainsi le plus jeune président de la République française. Dans le discours qu'il prononce après sa victoire, il réaffirme son désir de rassembler la nation (« Ensemble, la France ! »). Les élections législatives, en juin, confirment la victoire d'Emmanuel Macron. Le mouvement « En Marche ! », devenu entretemps le parti « La République en Marche (LRM) », obtient, en alliance avec le MoDem (→ p. 65), une confortable majorité absolue. A la suite de ces élections, qui voient un taux d'abstention record (57 %), l'Assemblée nationale présente un nouveau visage: plus jeune, plus féminin.

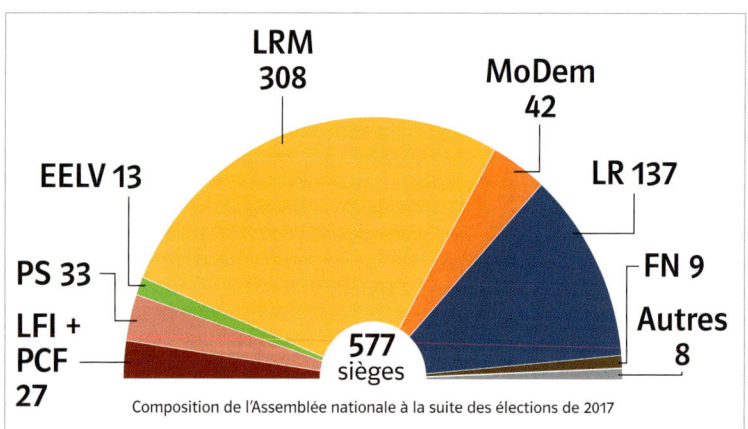

Composition de l'Assemblée nationale à la suite des élections de 2017

LFI = **L**a **F**rance **I**nsoumise, **PCF** = **P**arti **C**ommuniste **F**rançais, **PS** = **P**arti **S**ocialiste (et alliés), **EELV** = **E**urope **E**cologie **L**es **V**erts (et divers gauche), **LRM** = **L**a **R**épublique en **M**arche, **MoDem** = **M**ouvement **D**émocrate, **LR** = **L**es **R**épublicains (et alliés), **FN** = **F**ront **N**ational (et autre extrême droite)

---

un enjeu *ici :* das, was auf dem Spiel steht, Einsatz – **une abstention** Enthaltung – **un vote nul** ungültige Stimme – **un vote blanc** leerer Stimmzettel – **récolter** *ici :* bekommen – **rassembler** zusammen bringen, einen – **l'alliance** *f.* Bündnis, Allianz.

4 La politique française

Mehr dazu
hi48h8

La devise de la République est **Liberté, Égalité, Fraternité** : elle apparaît sur les bâtiments publics et les documents officiels. Dans chaque mairie, un buste de **Marianne** symbolise la République.

La République est une et indivisible, les lois votées s'appliquent sur tout le territoire.

Qui vote ?

Toute personne qui a la nationalité française peut se faire inscrire sur les listes électorales à partir de 18 ans. La gauche a plusieurs fois annoncé qu'elle était pour le droit de vote des immigrés aux élections municipales, mais aucun projet n'a encore été présenté au Parlement. Toutefois, les étrangers qui viennent d'un pays de l'Union européenne (UE) et ont une résidence en France peuvent voter aux européennes et aux municipales.

Comment on vote

Pour les élections municipales dans les villes de moins de 1000 habitants, les départementales, les législatives et les présidentielles, on utilise le **scrutin majoritaire** à deux tours. Le candidat qui a la majorité absolue au premier tour est élu. Si personne ne l'obtient, il faut organiser un second tour, où la majorité relative suffit. Ce système favorise les alliances entre partis.

Dans les villes plus grandes, pour les conseils régionaux et le Parlement européen, le nombre d'élus est proportionnel au nombre de voix obtenu par une liste (**scrutin à la proportionnelle**).

La loi sur la parité oblige les partis à présenter aux législatives des listes comprenant 50 % de femmes. L'alternance homme/femme est obligatoire du début à la fin de la liste pour les élections européennes, ainsi que pour les élections municipales dans les communes de plus de 1000 habitants et pour les élections régionales. Il en résulte une progression sensible du nombre de femmes candidates et du nombre d'élues.

A Paris, Lyon et Marseille, les électeurs désignent non seulement un conseil municipal, mais aussi des conseils d'arrondissement.

Pour les **présidentielles**, seuls les deux candidats arrivés en tête au premier tour peuvent participer au second.

---

une mairie Rathaus – **indivisible** unteilbar – **s'appliquer sur** gelten für – **le scrutin majoritaire** Mehrheitswahlrecht – **un tour** *ici :* Wahlgang – **un élu** *ici :* Abgeordneter – **le scrutin à la proportionnelle** Verhältniswahlrecht – **la parité** Gleichheit – **l'alternance** *f.* Wechsel.

La politique française

La système politique français

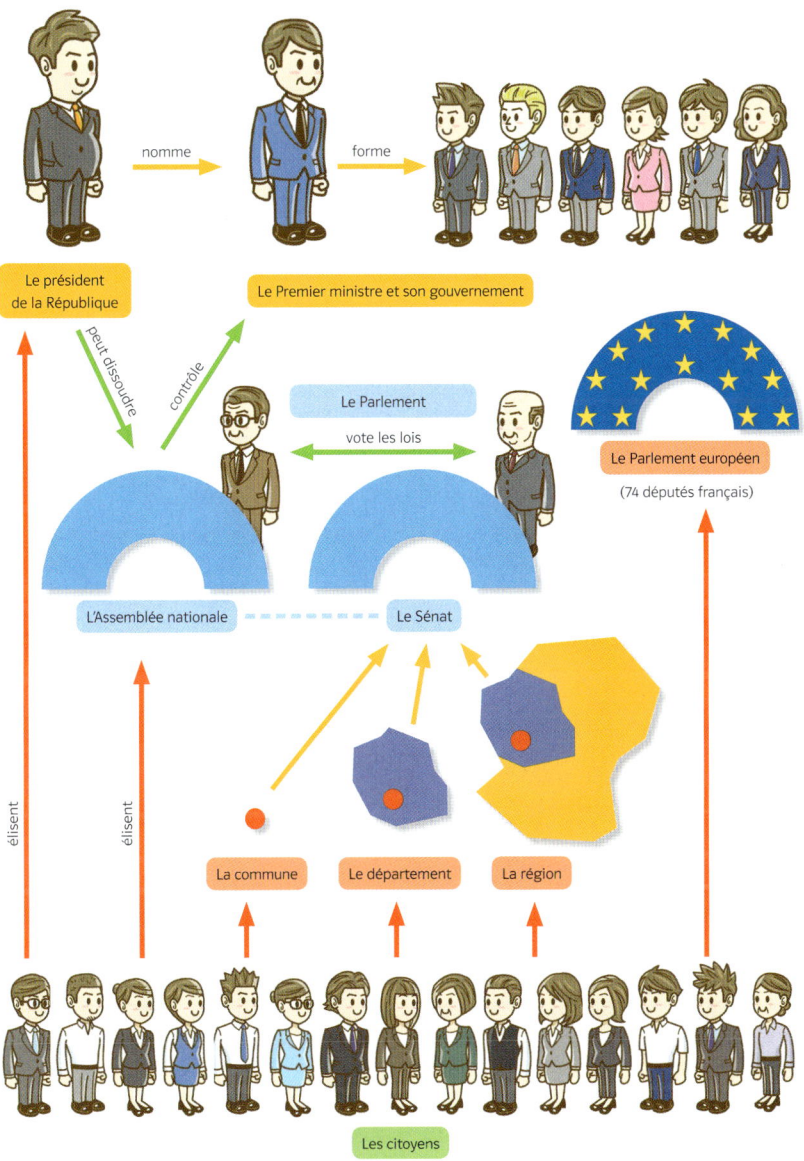

L'organisation des pouvoirs

La maladie de la **IVe République** (→ p. 49) était l'instabilité politique, la France changeait trop souvent de gouvernement. Lorsque de Gaulle arrive au pouvoir en 1958, son premier souci est d'établir une nouvelle constitution garantissant la stabilité. La **Ve République** (→ p. 50) se caractérise par un régime fortement présidentiel qui est sans équivalent en Europe.

Le **président de la République** est élu pour cinq ans par l'ensemble des citoyens. Il définit les grandes orientations politiques du pays et nomme le Premier ministre. Il peut provoquer de nouvelles élections législatives par dissolution de l'Assemblée nationale.

En cas de crise grave, le Président peut, selon l'article 16 de la Constitution, avoir provisoirement les « pleins pouvoirs » (pouvoir exécutif et pouvoir législatif). Il est le chef des armées et peut seul décider de l'utilisation de l'arme nucléaire.

La politique extérieure est traditionnellement le domaine réservé du président de la République, tandis que la politique intérieure est de la compétence du Premier ministre.

Il peut arriver que la majorité de l'Assemblée nationale n'ait pas la même tendance que le président de la République. Dans ce cas, il a le choix entre la dissolution de l'Assemblée ou la nomination d'un Premier ministre qui a la confiance du Parlement (→ La gauche au pouvoir p. 52).

Le **Premier ministre** propose au Président les ministres du gouvernement, dont il dirige la politique. Sa résidence est l'**Hôtel Matignon**. Lorsqu'une majorité de l'Assemblée nationale vote une **motion de censure** (texte contre la politique du gouvernement), le Premier ministre doit démissionner.

L'hémicycle du Palais-Bourbon

---

un souci Sorge – **la dissolution** Auflösung – **une résidence** *ici :* Amtssitz – **une motion de censure** Misstrauensantrag – **provoquer** *ici :* herbeiführen – **démissionner** zurücktreten.

Le Parlement

L'Assemblée nationale se compose de 577 députés élus pour 5 ans par l'ensemble des électeurs. 539 députés pour la France métropolitaine, 27 pour les DROM-COM (→ p. 14) et 11 pour les Français à l'étranger. Elle se réunit au **Palais Bourbon**. Chaque député peut s'adresser directement à un membre du gouvernement en posant une question écrite sur les points importants de la politique du gouvernement. Les réponses se trouvent dans le **Journal officiel** de la République française, où sont publiés, entre autres, les lois et divers textes administratifs. Une fois par semaine les députés peuvent poser des questions orales à un ministre, qui doit répondre directement (avec ou sans débat).

Le **Sénat** se compose de 348 sénateurs, élus pour six ans par les « grands électeurs », à savoir les députés, les conseillers régionaux et départementaux et des délégués des conseillers municipaux dans chaque département. L'Assemblée nationale et le Sénat forment le Parlement.

Le vote des lois

L'initiative d'une loi appartient à un membre du gouvernement (**projet de loi**) ou du Parlement (**proposition de loi**).
L'Assemblée nationale fait la première lecture. Elle peut accepter, refuser ou modifier le texte proposé. Le Sénat peut à son tour accepter, refuser ou corriger. Quand il n'est pas d'accord avec l'Assemblée nationale, une commission paritaire mixte (députés et sénateurs) recherche un compromis, qui est alors publié au Journal officiel.

Le référendum

Le président de la République peut s'adresser directement aux citoyens pour faire voter une loi, s'il s'agit d'une modification de la Constitution ou d'un changement du statut du territoire national. Ainsi, en 2000, les électeurs ont accepté la réduction de la durée du mandat du président de la République à cinq ans. Et en 2005, ils se sont prononcés contre le traité établissant **une constitution pour l'Europe**.
Parfois, le référendum se transforme en plébiscite pour ou contre le président de la République, comme en 1969 (de Gaulle ; → Le départ du Président p. 51).

---

un député Abgeordneter – **à savoir** nämlich – **paritaire** paritätisch – **un référendum** Volksbefragung – **ratifier** ratifizieren – **un mandat** Amtszeit – **un plébiscite** Volksentscheid.

Les partis politiques

La Constitution garantit la liberté de créer des partis politiques dont voici les principaux :
Voici les principaux partis français :

Les Républicains (LR)

A la suite des scandales financiers qui ont secoué l'UMP (L'Union pour un mouvement populaire), le parti change de nom et devient en 2015 **Les Républicains**, sous la présidence de Nicolas Sarkozy (→ La droite au pouvoir p. 53). Le parti regroupe des tendances allant de la droite la plus libérale au centre droit et intègre les héritiers du gaullisme (→ Charles De Gaulle p. 50).
Lors des élections régionales de 2015, les Républicains obtiennent 26 % des voix au premier tour, 40 % au second. Ils dirigent près de la moitié des régions dont l'Ile-de-France, la région PACA (Provence-Alpes-Côte d'Azur) et les Hauts-de-France (le Nord-Pas-de-Calais et la Picardie).
Les Républicains veulent, entre autres, augmenter les 35 heures hebdomadaires, relever l'âge légal de la retraite de 62 à 65 ans et réduire les allocations chômage.

Parti socialiste (PS)

Le parti socialiste est créé en 1971, à l'initiative de François Mitterrand, qui sera président de la République de 1981 à 1995. (→ La gauche au pouvoir, p. 52). Avec les communistes et les Verts, le PS participe au gouvernement entre 1997 et 2002 sous la conduite d'un Premier ministre de gauche et d'un président de la République de droite (→ La cohabitation p. 52). Lors des élections présidentielles de 2002, le candidat socialiste Lionel Jospin est éliminé au premier tour, les socialistes appellent à voter pour Jacques Chirac (→ p. 53) afin de battre Jean-Marie Le Pen (FN → Front National p. 65) au deuxième tour et d'empêcher l'arrivée de l'extrême-droite au pouvoir.
Le parti est dans l'opposition de 2002 jusqu'à l'élection à la présidence de la République de **François Hollande** en 2012 (→ p. 55). Avec la nomination de Manuel Valls comme premier ministre en mars 2014, le gouvernement adopte une ligne socio-démocrate : on accepte les lois du marché et essaie d'améliorer la compétitivité des entreprises, tout en maintenant au maximum les avantages sociaux. Par la suite, le parti connaît de sévères défaites électorales aux européennes de 2014, puis aux départementales et aux régionales de 2015. La cote de popularité de François Hollande ne cesse de baisser, surtout à cause de l'augmentation du chômage.
En définitive, il renonce à être de nouveau candidat à la présidence de la République en 2017.

---

un héritier Erbe – **les 35 heures hebdomadaires** 35 Stundenwoche – **relever** anheben – **la retraite** Rente – **les allocations chômage** f. Arbeitslosengeld – **la compétitivité** Konkurrenzfähigkeit – **la cote de popularité** Beliebtheit – **cesser** aufhören – **baisser** sinken.

Mouvement démocrate (MoDem)
Le Mouvement démocrate est fondé à l'initiative de François Bayrou après les élections présidentielles de 2007 et regroupe tous les mouvements centristes. Le parti cherche une troisième voie entre la droite et la gauche. Il veut réduire la dette publique, est plutôt favorable à une intervention de l'Etat dans l'économie et se prononce pour le soutien des produits fabriqués en France. Comparable au FDP allemand, le parti est pro-européen. Il obtient sept sièges au parlement européen en 2014.

Front National (FN)
Fondé en 1972, le Front national crée la surprise trente ans plus tard lorsque son candidat Jean-Marie Le Pen arrive second au premier tour des présidentielles derrière Jacques Chirac, se qualifiant ainsi pour le second tour. Après des débuts difficiles marqués par des dissensions au sein du parti, le FN ne cesse de progresser sur un fond de crise économique, profitant de la désaffection envers les partis de gouvernement traditionnels. On observe en France le même glissement vers l'extrême droite que dans d'autres pays européens.

En mai 2015, le FN arrive en tête des élections européennes avec 25 % des suffrages. Aux régionales de la même année, il obtient 6,8 millions de voix et trois fois plus de sièges qu'en 2010. Le soutien des socialistes aux listes des Républicains empêchent le FN de remporter les régions Provence-Alpes-Côte d'Azur et Hauts-de-France, où il est particulièrement puissant.

Le programme du Front national est basé sur l'indépendance de la France : sortie de l'euro et du commandement intégré de l'OTAN. Le parti, dirigé depuis 2011 par Marine Le Pen, prône un Etat fort et veut supprimer le droit du sol qui permet aux étrangers nés en France d'être naturalisés automatiquement, stopper toute immigration et appliquer la priorité nationale en matière d'emploi.

Parti communiste français (PCF)
Le parti communiste français participe activement à la **Résistance** pendant la Seconde Guerre mondiale et joue un rôle important dans les premières années d'après-guerre (→ La Résistance p. 47).

De 1972 à 1978, les communistes acceptent une alliance avec les socialistes (le « programme commun » → L'après-gaullisme p. 51). En 1994, ils forment avec les socialistes et les Verts la « **gauche plurielle** ». Le PCF ne cesse de perdre de l'influence depuis la disparition de l'Union soviétique et la chute du mur de Berlin.

---

centriste in der politischen Mitte angesiedelt – **la dette publique** Staatsverschuldung – **un siège** Sitz – **une dissension** Meinungsverschiedenheit – **au sein de** im Inneren / innerhalb von – **progresser** *ici :* Zulauf gewinnen – **la désaffection** Unbeliebtheit – **un suffrage** Wahlstimme – **un commandement** Kommando – **prôner** *ici :* fordern, sich aussprechen für – **le droit du sol** Bodenrecht *(hier: Recht auf Staatsangehörigkeit des Landes, in dem man geboren wird)* – **l'Union soviétique** *f.* Sowjetunion – **la chute du mur** Mauerfall.

Europe écologie Les Verts (EELV)

Europe Ecologie les Verts succède au parti Les Verts en novembre 2010. Au premier tour des présidentielles de 2012, leur candidate n'obtient que 2,3 % des voix. Grâce à un accord avec les socialistes, les écologistes obtiennent toutefois 17 députés à l'assemblée nationale la même année.

EELV fait partie de l'équipe gouvernementale avec les socialistes. Mais en 2014, les Verts sortent du gouvernement. En 2016, EELV ne compte plus que 6000 adhérents, contre 16 000 lors de sa fondation.

Les écologistes sont contre le nucléaire, pour la promotion des énergies renouvelables et la création d'emplois qui améliorent l'environnement. Ils revendiquent surtout une agriculture biologique et durable. Très pro-européens, ils sont également favorables au droit de vote des étrangers.

A côté des « grands » partis, il existe, comme en Allemagne, d'autres partis ou groupements dont le poids politique est moins significatif ou en voie d'augmenter, comme par exemple **La France insoumise**, mouvement d'extrême-gauche créé un an plus tôt par le sénateur Jean-Luc Mélenchon ou **La République en Marche (LRM)**, créé en avril 2016 par Emmanuel Macron, l'actuel président de la République.

---

succéder à folgen – **une promotion** Förderung – **revendiquer** fordern – **le poids** Gewicht – **significatif, -ive** bedeutend.

Région, département et commune (→ p. 12/13)

Depuis le 1ᵉʳ janvier 2016, la France compte 13 **régions**. Le **conseil régional** est élu tous les six ans au suffrage universel. La région est compétente, entre autres, en matière de politique de l'emploi et de la formation, elle est responsable des transports régionaux de voyageurs (réseau des trains express régionaux, TER). Elle gère les lycées et a en charge l'aménagement de son territoire et les grandes infrastructures.

Le **conseil départemental** est élu au suffrage universel à deux tours pour six ans. Il est chargé, entre autres, de l'action sanitaire et sociale (protection de l'enfance, insertion des personnes en difficulté comme p. ex. les personnes handicapées), de l'enseignement (collèges), de l'aménagement du territoire, de la sécurité incendie. Le département favorise le tourisme et la construction d'habitations à loyer modéré (HLM).

Les électeurs de la **commune** choisissent un **conseil municipal** pour six ans. Les conseillers municipaux élisent un **maire**. La commune a des compétences dans le domaine sanitaire et social (dont la gestion des crèches ou des maisons de retraite) dans le domaine de l'enseignement (fonctionnement des écoles primaires), dans le domaine culturel (création, entre autres, de bibliothèques et d'écoles de musique et organisation de manifestations culturelles), dans les domaines du sport et des loisirs (gestion des équipements sportifs et subvention des acticités sportives). En plus, la commune est responsable de l'entretien des routes et de leur éclairage.

Le maire enregistre les naissances, les mariages et les décès. Il est officier de police judiciaire et fait respecter l'ordre. Représentant de l'Etat, il communique les informations officielles aux citoyens. Il accorde les permis de construire dans la commune et organise les élections.

Les communes françaises sont parfois très petites (moins de cent habitants) et doivent alors se grouper en « syndicat intercommunal » pour les problèmes d'eau, de transports, de collecte des ordures. Les grandes villes forment souvent avec les communes de leur banlieue des districts urbains, en particulier pour améliorer les transports collectifs.

élire au suffrage universel direkt wählen – **la formation** (Aus-)Bildung – **gérer** leiten, verwalten – **avoir en charge** beauftragt sein mit – **l'action sanitaire et sociale** *etwa:* Gesundheits- und Sozialfürsorge – **une insertion** Eingliederung – **la sécurité incendie** *etwa:* Feuerwehr – **favoriser** fördern – **une H(abitation à)L(oyer)M(odéré)** Sozialwohnung – **un maire** Bürgermeister – **la gestion** Verwaltung – **une crèche** (Kinder-)Krippe – **une maison de retraite** Altersheim – **un équipement** Einrichtung – **l'entretien** *m.* Instandhaltung – **l'éclairage** *m.* Beleuchtung – **enregistrer** registrieren – **un décès** Sterbefall – **la police judiciaire** Kriminalpolizei – **un syndicat intercommunal** kommunaler Zweckverband – **la collecte des ordures** Müllabfuhr – **un district urbain** Gemeinde-, Stadtverband.

Justice et police

La Justice

En cas de conflit avec une autre personne civile, il faut s'adresser au **tribunal d'instance**.

Si quelqu'un conduit après avoir bu trop d'alcool ou s'il provoque un accident, s'il se bat avec d'autres personnes dans la rue, il peut être jugé par le **tribunal de police**. Les sanctions : amende allant jusqu'a 3000 euros, retrait du permis de conduire, confiscation de la voiture.

Pour des délits plus graves (agressions sexuelles, vols ou homicides involontaires), on se retrouve devant le **tribunal correctionnel**, qui peut prononcer des peines de prison.

La **cour d'assises** juge les crimes (meurtre, vol avec arme, viol) ; les peines vont de 10 ans à perpétuité. La **cour de cassation** peut annuler le jugement d'une autre cour de justice.

La **peine de mort** a été supprimée en 1981.

Les forces de police

La **Police nationale** comprend l'ensemble des services de police de l'Etat. Elle est placée sous l'autorité du ministère de l'Intérieur.

---

le tribunal d'instance Amtsgericht – **le tribunal de police** *etwa:* Amtsgericht für Strafsachen – **une sanction** Strafe – **le retrait** Einzug – **une confiscation** Beschlagnahmung – **l'homicide involontaire** *m.* fahrlässige Tötung – **le tribunal correctionnel** Strafgericht, -kammer – **la cour d'assises** Schwurgericht – **un meurtre** Mord – **un vol avec arme** bewaffneter Überfall – **un viol** Vergewaltigung – **la perpétuité** lebenslängliche Haftstrafe – **la cour de cassation** Kassationsgericht – **la peine de mort** Todesstrafe – **comprendre** *ici :* umfassen – **le ministère de l'Intérieur** Innenministerium.

Les « Compagnies républicaines de sécurité » (**CRS**) sont des unités mobiles de la Police nationale qui sont comparables à la « Bereitschaftspolizei » allemande. Les CRS sont chargées du maintien de l'ordre public, par exemple lors de manifestations dans la rue. Elles surveillent aussi les plages et la montagne, et sauvent des vies.

La **Police judiciaire** recherche les criminels, arrête les suspects, qu'elle peut garder deux jours à la disposition de la justice (garde à vue).

La **Gendarmerie nationale** contrôle, en particulier à la campagne, la circulation des véhicules, recherche des disparus ou des criminels et fait des enquêtes. Elle comprend des unités spécialisées comme le GIGN (groupement d'intervention de la gendarmerie nationale), qui entre en action lors de prises d'otages, ou la « Garde républicaine » qui surveille les palais nationaux (Elysée, Assemblée nationale, Palais de Justice), et participe, entre autres, à la sécurité publique.

La **Police de l'air et des frontières** (PAF) surveille les transports internationaux, les gares, les ports et les aéroports et contrôle l'immigration.

Dans les grandes villes, la police nationale est aidée par la **Police municipale**, qui peut être autorisée à porter des armes. Elle est responsable de la sécurité, de la tranquillité, de la salubrité, de la circulation sur le territoire de la commune et peut dresser des procès-verbaux.

Des **contractuels** surveillent le stationnement.

Dans les petits villages, le **garde champêtre** est un employé communal qui fait respecter les règlements administratifs.

Les contrôles

Dans la rue, un policier peut contrôler l'identité de toute personne. La **Carte Nationale d'Identité** n'est pas obligatoire, mais, si quelqu'un n'a pas de papiers sur lui, il peut être conduit au commissariat de police pour vérification d'identité. Cela ne doit pas durer plus de quatre heures.

A un automobiliste, la police peut demander la **carte grise**, qui prouve que la voiture lui appartient, le certificat d'assurance ou **carte verte** et le **permis de conduire**. Le taux d'alcoolémie toléré au volant est de 0,5 grammes par litre de sang. Entre 0,5 et 0,8 grammes, 6 points sur 12 sont enlevés du permis.

En cas d'accident seulement matériel entre deux voitures, les conducteurs ont l'habitude de faire un **constat à l'amiable**, que chacun envoie à son assurance. La police n'intervient en général que lorsqu'il y a des morts ou des blessés.

A la suite de la multiplication des radars et de campagnes contre l'alcool au volant (« Boire ou conduire, il faut choisir »), le nombre de tués sur la route a été divisé par deux entre 2001 et 2014.

---

le maintien Aufrechterhaltung – **un suspect** Verdächtiger – **la garde à vue** Gewahrsam – **faire des enquêtes** Ermittlungen durchführen – **un groupement d'intervention** Eingreiftruppe – **une prise d'otage** Geiselnahme – **la salubrité** Sauberkeit – **dresser un procès-verbal** Strafzettel ausstellen – **un/e contractuel,le** städtische(r) Vollzugsbeamte(r) – **un garde champêtre** Feldhüter, Dorfpolizist – **la carte grise** Kraftfahrzeugschein – **le taux d'alcoolémie** Blutalkoholspiegel – **un constat à l'amiable** Unfallbericht an die Versicherung.

La défense nationale

Les compétences
Le président de la République garantit l'indépendance nationale, il est le chef des Armées et nomme les officiers des Armées de terre, de mer et de l'air ainsi que de la gendarmerie.

Le Premier ministre définit la politique de Défense de la France. Le ministre de la Défense est responsable du fonctionnement des armées. Le Ministre de l'Intérieur a pour mission la protection civile.

Pour lutter contre les attentats terroristes a été mis en place en 1995 le **plan Vigipirate**, qui peut être déclenché par le Premier ministre. Ainsi, les contrôles à l'entrée des grands magasins et des bâtiments publics ont été renforcés. Après les attentats de novembre 2015 à Paris, **l'état d'urgence** a été voté. Il permet de fouiller les habitations de jour et de nuit, d'interdire la circulation de personnes ou de véhicules dans certaines zones et de contrôler la presse.

La politique de défense
La France a des armes nucléaires et des forces conventionnelles. Le principe de la politique de défense peut se résumer par l'image du « parapluie nucléaire ». L'arme nucléaire est seulement un moyen de défense et a pour but d'empêcher une agression par peur des représailles.

La France a commencé les essais de bombe nucléaire en 1960 au Sahara et les a poursuivis à partir de 1975 sous terre, sur l'atoll de Mururoa, dans le Pacifique. En 1996, la France a signé le traité d'interdiction totale des essais nucléaires.

Le service militaire
En 1997, une loi a mis fin au service militaire obligatoire, la France a depuis janvier 2001 une armée de métier. En 2014, le nombre d'hommes et de femmes portant l'uniforme était de 278 000. Les jeunes entre 16 et 25 ans ont la possibilité de faire un service civique, qui dure six ou douze mois, dans le domaine de l'enseignement, de l'environnement ou de l'aide d'urgence. Ils reçoivent une indemnité pour leur travail. En 2015, François Hollande a créé le service militaire volontaire (SMV).

---

le Ministre de la Défense Verteidigungsminister – **la protection civile** Schutz der Zivilbevölkerung – **un plan Vigipirate** Anti-Terror-Plan – **déclencher** auslösen, einleiten – **renforcer** verstärken – **l'état d'urgence** *m.* Ausnahmezustand – **fouiller** durchsuchen – **un parapluie** Regenschirm – **le service militaire obligatoire** allgemeine Wehrpflicht – **une armée de métier** Berufsheer – **l'aide d'urgence** Soforthilfe – **une indemnité** Entschädigung.

5 Société

Mehr dazu
hi48h8

Société

L'évolution de la société française aux 20ᵉ et 21ᵉ siècles

Le début du vingtième siècle est marqué par de violents conflits sociaux. Georges Clémenceau, chef de la gauche radicale et ministre de l'Intérieur, doit faire face au mécontentement des vignerons et des ouvriers. Il fait emprisonner des responsables du syndicat révolutionnaire **CGT** (→ Les syndicats p. 105) et envoie l'armée pour briser les grèves. La journée de huit heures réclamée par les syndicats ne sera adoptée qu'en 1919.

La loi sur la séparation de l'Eglise et de l'Etat (1905 ; (→ La IIIᵉ République p. 45) est basée sur le principe de la **laïcité**. L'Etat garantit la liberté d'exercer les religions et reste neutre envers les Eglises. L'enseignement public en particulier doit respecter cette neutralité : il n'y a pas d'enseignement religieux intégré dans les programmes scolaires. On ne paie pas d'impôt sur l'Eglise en France sauf en Alsace, qui a un statut particulier. La loi de 2004 interdit le port de signes religieux visibles (voile, croix, kippa) dans les écoles, collèges et lycées publics. Depuis 2010, il est interdit de dissimuler son visage dans l'espace public. Le port de la burqa et du niqab n'est donc pas autorisé dans la rue, les transports en commun, les postes, les gares … Dans les entreprises privées, le port du voile peut être interdit pour des raisons de sécurité ou d'hygiène. En 2016, certaines villes ont interdit le port du « burkini » sur les plages.

La baisse des revenus, conséquence de la crise économique des années 1930, provoque une révolte des paysans, puis des classes moyennes. Après la victoire du **Front populaire** (→ L' « Entre-deux-guerres » p. 46) en 1936, une série de grèves éclate, les travailleurs espéraient trop d'un gouvernement de gauche et sont déçus.

Après la défaite de l'armée française en 1940, le maréchal Pétain choisit la voie de la collaboration avec Hitler, il rêve d'une France conservatrice, agricole, dont la devise est : Travail, Famille, Patrie (→ La France occupée p. 47). La société se divise en « **collaborateurs** » et **résistants** (→ La Résistance p. 47), qui refusent d'abandonner le combat contre le Troisième Reich. Le gouvernement installé à Vichy est en particulier responsable de la déportation de Juifs français vers les camps d'extermination.

Après la guerre, l'esprit de la **Résistance** permet dans un premier temps aux gaullistes (→ La Libération p. 48, La Vᵉ République p. 50) et aux communistes de travailler ensemble. Pour reconstruire le pays, l'intervention de l'Etat apparaît indispensable : des secteurs importants de l'économie (banques, énergie, assu-

---

le ministre de l'Intérieur Innenminister – **faire face à qc** sich einer Sache stellen – **un vigneron** Weinbauer – **emprisonner** inhaftieren – **un syndicat** Gewerkschaft – **briser la grève** Streik brechen – **réclamer** fordern – **une séparation** Trennung – **adopter** *ici :* einführen – **la laïcité** religiöse, konfessionelle Neutralität – **l'enseignement** *m.* Unterricht – **un programme scolaire** Lehrplan – **un impôt** Steuer – **un voile** Schleier – **dissimuler** verhüllen – **une entreprise** Firma, Unternehmen – **un ouvrier spécialisé** Hilfsarbeiter – **une baisse** Rückgang – **le revenu** Einkommen – **une défaite** Niederlage – **un camp d'extermination** Vernichtungslager – **indispensable** unerlässlich.

rances) sont nationalisés. Les femmes obtiennent le droit de vote en 1944. La **Sécurité sociale** (→ La santé p. 82) est instituée.

De 1945 à 1975, la France connaît une période de progrès économique, technique et social, connue sous le nom des « **Trente Glorieuses** ». Le pourcentage des ménages ayant une voiture, un téléviseur ou un lave-linge augmente de manière constante, les habitations sont de plus en plus confortables, l'eau courante et les WC à l'intérieur des maisons deviennent la norme. En 1950 est créé le **SMIG** (salaire minimum interprofessionnel garanti), fixé par l'Etat pour suivre l'évolution des prix à la consommation.

La « société de consommation » est admirée ou critiquée, comme en Allemagne. Les jeunes cherchent une alternative à une société qui semble basée sur la hiérarchie et l'autorité. Cela conduit à l'explosion sociale de **mai 1968**. Le général De Gaulle, président de la République, est confronté à un vaste mouvement de protestation des étudiants et des travailleurs (→ La politique intérieure p. 51). Le compromis trouvé avec les syndicats comporte une augmentation des salaires, la réduction du temps de travail à 40 heures, des droits syndicaux dans l'entreprise. En 1970, le SMIG est remplacé par le **SMIC** (salaire minimum interprofessionnel de croissance).

A partir de 1973 la crise pétrolière provoque la montée du chômage. Le rôle de l'Etat, qui intervient par des subventions massives aux secteurs en difficulté, est renforcé.

Les années 1980 sont marquées par les peurs : peur du chômage (→ Le marché de l'emploi p. 106), de l'immigration, de la criminalité, peur de perdre des avantages sociaux comme le droit à la retraite ou au remboursement des frais médicaux. Les priorités des années 1990 sont la lutte contre le chômage et l'exclusion, surtout dans les banlieues, la réduction des déficits publics et de la sécurité sociale, une meilleure adaptation des jeunes au marché du travail (→ Les jeunes et l'emploi p. 79).

Depuis 1993, l'Etat réduit sa participation dans les entreprises publiques, la privatisation totale ou partielle touche presque tous les secteurs : banques, assurances, automobile, télécommunications, transports.

Sous la présidence de **Jacques Chirac** (1995 – 2007 ; → La droite au pouvoir p. 53), la France connaît de violentes émeutes dans les banlieues à l'automne 2005, et au printemps 2006 un fort mouvement social contre le contrat de première embauche (**CPE**), qui permet un licenciement sans cause pendant deux ans. Après des manifestations rassemblant jusqu'à trois millions de personnes, le gouvernement recule.

---

nationaliser verstaatlichen – **instituer** einführen – **un ménage** Haushalt – **un lave-linge** Waschmaschine – **le SMIG / le SMIC** gesetzlich garantierter Mindestlohn – **la société de consommation** Konsumgesellschaft – **vaste** riesig – **comporter** umfassen – **la croissance** Wachstum – **la montée** Anstieg – **les frais** *m.* Kosten – **l'exclusion** *ici :* gesellschaftliche Ausgrenzung – **une assurance** Versicherung – **une émeute** Aufruhr, Unruhen – **un contrat** Vertrag – **un licenciement** Entlassung.

Lors de son deuxième mandat, Jacques Chirac désigne comme priorités la lutte contre le cancer (soutien à la recherche et lois antitabac), et contre l'insécurité routière ainsi que l'insertion des handicapés.

Sur le plan social, **Nicolas Sarkozy** (2007–2012 ; → La droite au pouvoir p. 53) remplace le revenu minimum d'insertion (RMI), qui est versé aux personnes ayant des enfants et des bas salaires, par le RSA (revenu de solidarité active), qui permet aux bénéficiaires de continuer à recevoir une aide lorsqu'ils ont retrouvé un emploi mal payé.

Le Grenelle de l'environnement (2007) a un triple objectif : lutter contre le réchauffement climatique, préserver la biodiversité et limiter la pollution, en particulier en favorisant les transports publics.

En 2009 est lancé un grand débat sur l'**identité nationale**, qui aboutit à peu de mesures concrètes. Nicolas Sarkozy désigne les immigrés comme responsables de délits, il veut limiter l'accès à la nationalité française pour les étrangers (→ Devenir Français p. 86).

Sur le plan de la société, le quinquennat de **François Hollande** (→ François Hollande p. 55) reste marqué par l'adoption du mariage pour tous en 2013 malgré une forte opposition des milieux conservateurs et catholiques, par la difficulté à réformer le code du travail, et la lutte contre le terrorisme qui conduit à intervenir dans de nombreux pays d'Afrique ou du Moyen Orient et à prolonger l'état d'urgence en France.

Dans l'ensemble, on note un renforcement de l'individualisme, mais en même temps un attachement à la protection sociale contre le chômage ou la maladie. Les Français demandent davantage d'ordre, mais sont de plus en plus déçus par les représentants de l'autorité.

Les catégories socio-professionnelles

Comme dans tous les pays développés, la part des emplois tertiaires dans la population active est en augmentation. La France est moins ouvrière, davantage tertiaire et plus qualifiée.

Les agriculteurs

Le nombre d'agriculteurs ne cesse de diminuer, ils représentaient moins de 2 % de la population en 2014, contre 10 % en 1975. La politique agricole commune de l'Union européenne favorise la concentration des exploitations agricoles.

---

l'insertion *f.* Eingliederung, Integration – **verser** zahlen – **un bénéficiaire** Empfänger – **triple** dreifach – **le réchauffement** Erwärmung – **la biodiversité** Artenvielfalt – **aboutir à** führen zu – **une mesure** Maßnahme – **un délit** Delikt, Vergehen – **un accès** Zugang – **un quinquennat** fünfjährige Amtszeit – **le code du travail** Arbeitsgesetzbuch – **un état d'urgence** Ausnahmezustand – **une part** Anteil – **les emplois tertiaires** *m.* Angestellte im Dienstleistungsgewerbe – **la population active** erwerbstätige Bevölkerung – **davantage** mehr – **un agriculteur** Bauer – **diminuer** abnehmen – **l'exploitation agricole** *f.* Landwirtschaftsbetrieb.

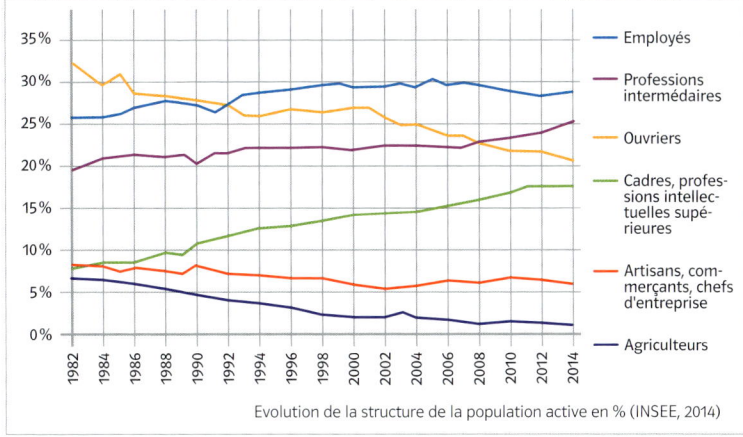

Evolution de la structure de la population active en % (INSEE, 2014)

L'exploitant agricole est devenu un chef d'entreprise, il doit maîtriser les outils informatiques et se tenir au courant des réglementations de plus en plus complexes. Les agriculteurs français souffrent de la concurrence des nouveaux pays de l'Union, où les salaires sont plus bas et dont les produits sont moins chers.

Les artisans, commerçants et chefs d'entreprise
Avec plus de 3 millions de salariés, l'**artisanat** se déclare « première entreprise de France ». Il est présent dans les secteurs de l'alimentation, du bâtiment, de la production et des services et recouvre 250 métiers. Le nombre des artisans diminue régulièrement, et ils se regroupent en sociétés artisanales. En 2016, il y avait plus d'un million d'entreprises artisanales en France.

Les **commerces** de proximité du centre ville souffrent de plus en plus de la concurrence des centres commerciaux ou galeries marchandes qui s'installent autour des hypermarchés à la périphérie des villes, avec une offre diversifiée et des facilités de stationnement. Les principales enseignes sont **Carrefour**, **Leclerc**, **Auchan**, **Intermarché** et **Super U**. Toutefois, on note un retour des supérettes du coin de la rue, qui offrent proximité, fraîcheur des produits et qualité du service. Par ailleurs, les **achats en ligne** se développent très rapidement, ils représentent 7% des ventes de détail. Ils concernent surtout l'équipement de la maison, les vêtements et les biens culturels. Le montant des achats des Français sur Internet a été multiplié par 8 en dix ans.

---

maîtriser beherrschen – **un outil** Werkzeug – **se tenir au courant** sich auf dem Laufenden halten – **un artisan** Handwerker – **un commerçant** Händler – **un salarié** Arbeitnehmer – **le bâtiment** Baugewerbe – **recouvrir** umfassen – **la proximité** Nähe – **une facilité** Gelegenheit, Möglichkeit – **le stationnement** Parken – **une enseigne** *ici :* Namen – **en ligne** online – **les ventes de détail** *ici :* Einzelhandel – **les biens culturels** Bildungsgüter.

Les cadres et professions intellectuelles supérieures

Le salaire net moyen d'un cadre en 2015 est de 4400 euros pour les hommes et 3500 pour les femmes (→ La femme dans la société française p. 80), il est deux fois et demie plus élevé que celui d'un employé. La catégorie regroupe les professeurs, les cadres administratifs et commerciaux, les professions de la culture, les ingénieurs et cadres d'entreprise. La région Ile-de-France concentre l'emploi des cadres, avec plus d'un tiers des embauches en France.

Les **professions libérales** représentent deux millions d'emplois, dont la moitié de salariés. Elles ont connu le plus fort taux de croissance dans les domaines de la santé (médecins, infirmières, masseurs-kinésithérapeutes) et du droit (avocats). Certaines professions sont réglementées : il faut un diplôme ou une qualification pour les exercer.

Les professions intermédiaires

On les appelle aussi les classes moyennes. On distingue les « cols blancs » (services) et les « cols bleus » (industrie). Ce sont par exemple des responsables de l'organisation et de la vente ou des techniciens. Ils ont un salaire moyen, entre les cadres et les employés.

Les employés

C'est la catégorie où il y a le plus de femmes (plus de trois quarts). Ils vivent en majorité dans les grandes villes, le salaire dépend du niveau d'études. Les secteurs qui créent le plus d'emplois sont les services aux entreprises, à la personne, les activités culturelles et sportives, le tourisme et les transports.

Les ouvriers

Ils sont six millions, soit environ un quart de la population active. Quatre sur cinq sont des hommes. Leur nombre est en constante diminution en raison des progrès techniques, des délocalisations (automobile, textile) ou de la concurrence internationale.

Il y a une grande différence entre les ouvriers qualifiés, qui bénéficient souvent de la sécurité de l'emploi, et les non qualifiés, qui ont des **postes précaires** (ce sont surtout des jeunes, des femmes et des immigrés). Peu d'enfants d'ouvriers font des études universitaires.

Les jeunes dans la société française

Les échanges avec des jeunes du même âge sont dominés par le téléphone portable et Internet. Les « **réseaux sociaux** » (Facebook, Twitter, Instagram) ont pris un rôle de plus en plus important. Les jeunes vivent constamment sous le regard de leurs copains ou copines, ils sont jugés, admirés ou critiqués.

---

un cadre leitender Angestellter – **un taux** Quote – **soit** das heißt – **une diminution** Abnahme – **une délocalisation** Standortverlagerung – **bénéficier de** profitieren von – **précaire** unsicher.

Les jeunes obéissent à un certain nombre de **codes vestimentaires** : jeans et baskets, tenue décontractée ou sportive. Les collèges imposent un certain nombre de règles : pas de tenue trop provocante ou trop négligée.

Par suite de l'allongement des études et des difficultés à trouver un premier emploi, les jeunes habitent de plus en plus longtemps chez leurs parents. L'âge moyen du départ est de 23 ans, ce qui correspond à la moyenne européenne, mais même après le départ du foyer, plus de la moitié des jeunes déclarent recevoir une aide financière de leurs parents.

On note une angoisse devant l'avenir et une faible confiance dans la société. La possession d'un **diplôme** n'est plus une garantie pour avoir un emploi, comme c'était le cas pour la génération précédente. La majorité des jeunes ne pense pas qu'ils vivront mieux que leurs parents. Ils demandent le libre choix de leurs études et de la profession, mais se heurtent aux réalités économiques.

Beaucoup de jeunes ont le sentiment de ne pas être reconnus, de subir la politique, ils ne font pas confiance aux partis. Le taux d'**abstention** est très élevé dans la tranche d'âge des 18–25 ans (75 % lors des dernières élections régionales en 2015). Lorsqu'ils votent, ils donnent souvent leurs voix au Front national, puis aux Républicains et enfin aux socialistes (→ Les partis politiques p. 63).

Le système scolaire

Le système éducatif français est très centralisé. Le ministère de l'éducation nationale définit les programmes, embauche les enseignants après un concours annuel.

L'**école publique** est gratuite et laïque, c'est-à-dire qu'elle est neutre en matière de religion, l'instruction religieuse n'est pas incluse dans les programmes. La loi de 2004 interdit le port de signes religieux visibles (voile, croix, kippa) à l'école. A peu près 15 % des enfants vont dans une **école privée**. Les établissements privés sont souvent catholiques et ils reçoivent des aides de l'Etat s'ils ont signé un contrat avec lui.

Presque tous les jeunes enfants de trois à cinq ans fréquentent l'**école maternelle**, qui est gratuite. 30 % des enfants de moins de trois ans vont dans une **crèche** (10 % en Allemagne).

L'instruction est obligatoire entre six et seize ans. Après cinq ans d'**école élémentaire** tous les élèves vont au **collège** pendant quatre ans (classes de 6e, 5e, 4e, 3e). A la fin de la troisième a lieu l'orientation vers des études longues ou professionnelles. La filière traditionnelle (le lycée) conduit au baccalauréat au bout de trois ans (seconde, première et terminale).

---

obéir à *ici :* einer Sache unterworfen sein – **un code vestimentaire** Kleidervorschrift – **la tenue** Kleidung – **décontracté,e** lässig – **l'allongement** *m.* – Verlängerung – **un foyer** *ici :* Elternhaus – **une angoisse** Angst – **précédent,e** vorangehende – **se heurter à** konfrontiert sein mit – **subir** erdulden, über sich ergehen lassen – **l'abstention** *f.* Stimmenthaltung – **un enseignant** Lehrer – **laïque** nicht konfessionell – **l'instruction** *f.* Bildung – **un programme** *ici :* Lehrplan – **une école maternelle** Kindergarten – **une crèche** *ici :* Kinderkrippe – **une filière** *ici :* Weg.

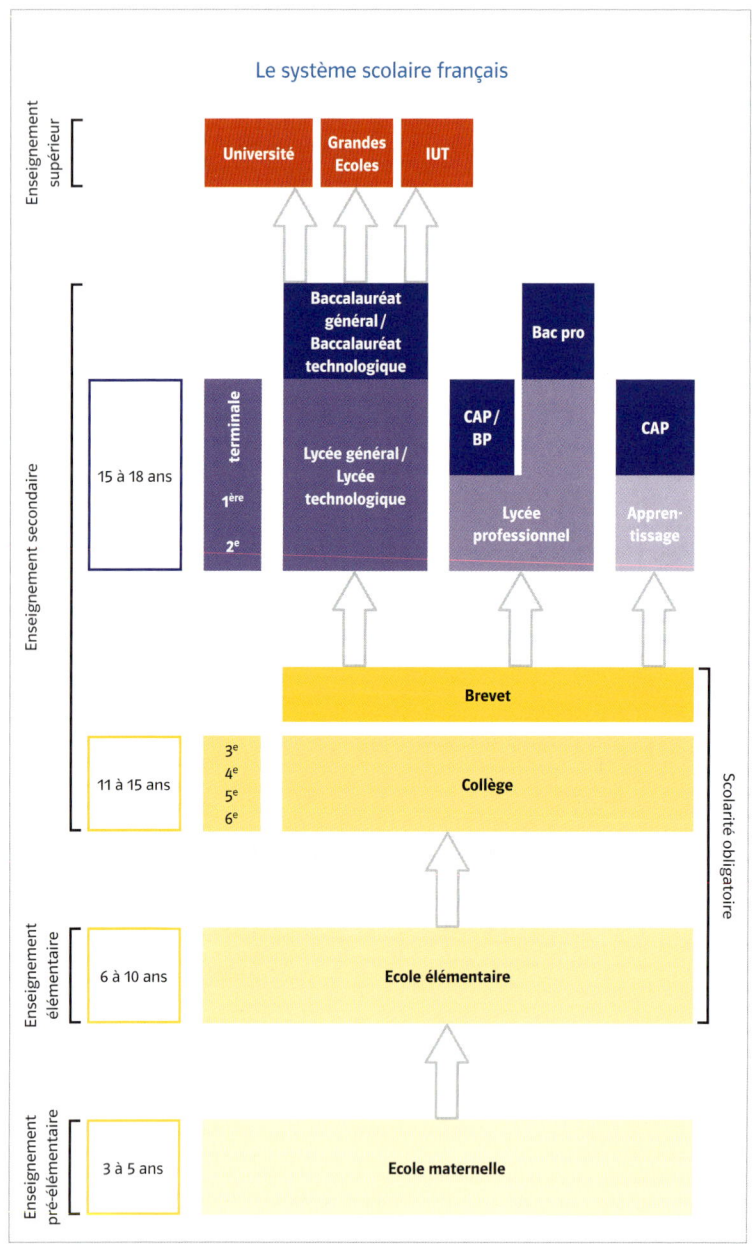

La **voie professionnelle** permet d'obtenir un des trois diplômes suivants :
- le certificat d'aptitude professionnelle **(CAP)** en deux ans,
- le brevet professionnel **(BP)** en deux ans, obligatoire pour exercer certains métiers (coiffeur, boucher, libraire),
- le baccalauréat professionnel, dit **Bac pro**, en trois ans.

Ces diplômes se préparent soit dans un lycée professionnel, soit dans un centre de formation d'apprentis. 450 métiers sont accessibles par apprentissage.

Après le baccalauréat, les étudiants peuvent préparer en deux ans un brevet de technicien supérieur (BTS), un brevet de technicien supérieur agricole (BTSA) ou un diplôme universitaire technologique (DUT) au sein d'un Institut universitaire technologique **(IUT)**.

La possession du baccalauréat suffit pour s'inscrire à l'**université**. Il y a cependant des numerus clausus pour les études dans le domaine de la santé (médecine, pharmacie, dentaire).

Pour enseigner dans le primaire, il faut réussir un concours de recrutement des professeurs des écoles (CRPE). Ce concours est accessible après un master (bac +5). Les enseignants du secondaire sont recrutés sur concours national, soit le CAPES (certificat d'aptitude au professorat de l'enseignement secondaire), soit l'agrégation, plus difficile. Le professeur agrégé est mieux payé et donne moins d'heures d'enseignement par semaine que le professeur certifié.

Les grandes écoles

Après le baccalauréat, les meilleurs élèves peuvent s'inscrire dans des classes préparatoires avant de se présenter aux concours d'entrée dans les grandes écoles qui forment les élites de la nation. La plus connue est l'**école nationale d'administration (ENA)** dont sont issus beaucoup d'hommes politiques connus et de ministres. Les écoles normales supérieures (**ENS**) forment de futurs enseignants ou chercheurs. L'école polytechnique, appelée aussi **X**, forme depuis la Révolution des hommes de science de haut niveau. Les jeunes filles y ont accès depuis 1972. L'école centrale de Paris (**ECP**) est spécialisée dans la formation d'ingénieurs de haute culture générale. L'école de **Saint-Cyr** est réservée aux futurs officiers de l'armée de terre. Les cadres et chefs d'entreprise reçoivent une formation de haut niveau à l'école des hautes études commerciales (**HEC**) ou dans les écoles supérieures de commerce (**ESC**). Enfin, des ingénieurs spécialisés sortent de plusieurs autres grandes écoles dont l'école supérieure d'électricité ou **Supélec**.

Les jeunes et l'emploi

Le **taux de chômage des jeunes** de 18 à 25 ans est particulièrement élevé en France, avec presque 26 % en 2016 (7,0 % en Allemagne). Seulement un quart des

---

un brevet Abschlusszeugnis, Diplom – **soit … soit** entweder … oder – **au sein de** innerhalb von – **IUT (Institut universitaire technologique)** *entspricht einer Fachhochschule* – **un concours de recrutement** Aufnahmewettbewerb – **préparatoire** Vorbereitungs- – **une agrégation** *eine Art Staatsprüfung für Gymnasiallehrer.*

jeunes passe par l'apprentissage, contre plus de la moitié en Allemagne. La durée de recherche d'un premier emploi ne cesse de s'allonger, ce qui pousse beaucoup de jeunes à prolonger leurs études. La formation en alternance ou duale est peu pratiquée en France, à la différence de l'Allemagne. La possession d'un diplôme n'est plus une garantie contre le chômage, mais il augmente les chances de trouver un emploi. Pour la majorité des jeunes, réussir dans sa vie professionnelle est un objectif essentiel dans la vie. Toutefois, le premier emploi est le plus souvent précaire, les jeunes multiplient les **CDD** (contrats à durée déterminée) avant de trouver un emploi stable. Le taux de chômage des jeunes atteint jusqu'à 50 % dans les banlieues.

Des entreprises spécialisées dans l'intérim peuvent offrir un **travail temporaire** pour remplacer un travailleur malade, une femme en congé de maternité ou pour une mission bien précise et limitée dans le temps. L'**intérim** peut être une étape pour obtenir un emploi stable (CDI, contrat à durée indéterminée).

Les loisirs des jeunes

Parmi les loisirs favoris des jeunes français, on trouve les sorties entre copains et copines, le cinéma, les activités sportives, les jeux, la télévision, Internet et le shopping.

La fréquentation des **cinémas** est particulièrement élevée chez les jeunes. Neuf jeunes sur dix vont régulièrement au cinéma.

Beaucoup de jeunes pratiquent un **sport**, individuellement ou en club. Ils passent la plupart de leur temps libre avec des copains / copines. Presque tous les jeunes disposent d'un **téléphone portable** et d'un **ordinateur**

à la maison, une proportion bien supérieure à la moyenne de la population. Ils téléchargent de la musique, des films, passent des heures sur les jeux vidéo. Des **concerts** de stars de la chanson, du rock ou de la musique techno sont aussi des occasions de se réunir dans les grandes salles comme Bercy à Paris (20 300 places), les salles de spectacle Arena ou Zénith. Les jeunes fréquentent aussi les festivals comme celui des « Vieilles Charrues », organisé en Bretagne (le plus grand festival de musique français).

---

s'allonger sich in die Länge ziehen – **prolonger** verlängern – **la formation en alternance** duale Berufsausbildung – **l'intérim** *m.* befristete Arbeit, Zeitarbeit – **temporaire** zeitlich begrenzt – **le congé de maternité** Mutterschaftsurlaub – **une fréquentation** Besuch – **une charrue** Pflug.

La femme dans la société française

Surtout à partir de mai 1968 (→ L'évolution de la société française aux 20e et 21e siècles p. 72), les femmes s'organisent pour obtenir plus de droits, en particulier pour le libre choix de la maternité (**contraception**, droit à l'**IVG**) et dans l'exercice de l'autorité parentale. Malgré les différentes lois pour imposer l'égalité entre hommes et femmes, il y a toujours des disparités sur le plan de l'emploi : les salaires des femmes sont en moyenne inférieurs à ceux des hommes, et celles-ci sont plus nombreuses à occuper des emplois précaires.

Voici quelques dates qui marquent l'évolution du **statut des femmes** :
1944   Les femmes obtiennent le droit de vote.
1967   Autorisation de la vente de la pilule contraceptive.
1975   La loi Weil autorise l'interruption volontaire de grossesse (IVG) sous certaines conditions.
1981   Création d'un ministère des droits de la femme
1982   L'IVG est remboursée par la Sécurité sociale.
2002   Un enfant peut porter le nom de ses deux parents.
2006   Loi relative à l'égalité salariale entre hommes et femmes
2010   Loi sur les violences faites aux femmes
2014   Anne Hidalgo est élue maire de Paris.

La maternité

La France est avec l'Irlande le pays européen où le **taux de fécondité** est le plus élevé, avec 2 enfants par femme en 2014 (moyenne européenne : 1,6 ; Allemagne : 1,4).

Le **congé de maternité** peut durer de 16 à 46 semaines, selon le nombre d'enfants déjà présents dans la famille. Le licenciement pendant la grossesse et quatre semaines après la naissance est interdit. Le père et la mère ont droit pendant les trois premières années de leur enfant à un **congé parental d'éducation** : ils ne sont pas payés, mais gardent leur emploi. Une prime est versée à chaque naissance (923 euros en 2017). La naissance du deuxième enfant donne droit à des allocations familiales jusqu'à l'âge de 18 ans. Le système fiscal français favorise les familles. Une réduction d'impôts est accordée pour payer les frais de garde d'un enfant à l'extérieur ou le salaire d'une employée à domicile. Le taux d'activité des mères d'un ou deux enfants est de 72 % en moyenne.

---

la contraception Schwangerschaftsverhütung – **l'IVG** f. **(interruption volontaire de la grossesse)** Schwangerschaftsabbruch – **l'autorité parentale** elterliche Sorge – **imposer** ici : festsetzen – **une disparité** Unterschiedlichkeit – **être inférieur,e** à zurückbleiben hinter – **rembourser** zurückerstatten – **le taux de fécondité** Fruchtbarkeitsrate – **une grossesse** Schwangerschaft – **un congé parental d'éducation** Erziehungsurlaub – **une prime** Prämie – **les allocations familiales** Kindergeld – **un impôt** Steuer – **les frais** m. Kosten – **une activité** ici : Berufstätigkeit.

La santé

Depuis 1945, tous les Français bénéficient de la **Sécurité sociale**, qui est financée en partie par les entreprises, en partie par les salariés. Elle a pour but de protéger les individus et les familles contre certains risques sociaux (maladie, invalidité). Le malade paie le médecin et se fait rembourser, à la pharmacie il ne paie que la partie non remboursée. Les plus pauvres peuvent bénéficier de la couverture médicale universelle (CMU) : ils n'ont alors rien à payer. Pour certaines maladies de longue durée comme les cancers, 100 % des frais sont remboursés. Le malade a le choix entre un médecin généraliste, l'hôpital public et la clinique privée, il peut s'adresser à un spécialiste si son médecin le juge utile.

A côté de la sécurité sociale de base, le salarié peut adhérer à une **mutuelle**, qui remboursera une partie des frais, en particulier pour les lunettes et les soins dentaires. Depuis le 1er janvier 2016, tout employeur doit avoir une assurance complémentaire santé pour ses salariés.

Le vieillissement de la population et les progrès de la médecine avec des traitements parfois très coûteux provoquent régulièrement un fort déficit de l'assurance maladie. L'Etat s'efforce de combler le « trou de la Sécu » en limitant le remboursement de certains médicaments dits « de confort » et en réduisant les frais d'hospitalisation (séjours plus courts, fermeture d'hôpitaux peu rentables).

Les maladies qui causent le plus de décès en France sont les cancers, les maladies cardiaques, les maladies neurologiques (particulièrement les maladies d'Alzheimer et de Parkinson), le diabète et les maladies des poumons.

Chaque année en France, 6600 personnes découvrent qu'elles sont **séropositives**. Les deux tiers des malades sont des hommes. Des associations comme Sidaction, Aides ou ActUp informent sur la maladie et son dépistage et aident les malades.

L'agence nationale de sécurité sanitaire de l'alimentation, de l'environnement et du travail (ANSES) analyse les aliments proposés à la consommation et veille à la bonne santé des animaux et des végétaux. Elle recommande des mesures sanitaires en cas de dangers pour la santé publique. Les Français se montrent soucieux de leur alimentation, les **produits « bio »** prennent de plus en plus de place dans les supermarchés. Ils sont garantis sans pesticides et sans traitements chimiques après récolte et sont reconnaissables au logo européen « agriculture biologique ». L'agriculture biologique n'occupe cependant que 4 % des surfaces cultivées.

---

la couverture *ici :* Kostendeckung – **un médecin généraliste** Arzt für Allgemeinmedizin – **une mutuelle** Versicherung – **les soins dentaires** Zahnpflege – **le vieillissement** Alterung – **s'efforcer de** sich bemühen – **combler** auffüllen – **un décès** Tod – **le cancer** Krebs – **cardiaque** das Herz betreffend – **un poumon** Lunge – **séropositif, -ive** HIV-positiv – **le dépistage** Früherkennung – **soucieux, -euse** besorgt – **un pesticide** Giftstoff – **une récolte** Ernte.

Alcool, tabac et drogues

Depuis le début des années 1960, les quantités d'**alcool** vendues en France ont fortement diminué, elles ont été divisées par deux en quarante ans. La France reste cependant en tête de la consommation d'alcool en Europe, un adulte sur dix a des problèmes avec l'alcool.

Le taux d'alcoolémie toléré au volant est de 0,5 g par litre de sang, il a été abaissé à 0,2 grammes pour les nouveaux conducteurs, qui ont une permis provisoire. L'alcool reste la première cause de mortalité sur les routes, en particulier chez les jeunes. De nombreuses campagnes contre l'alcool au volant ont été menées par la Sécurité routière, avec le slogan : « Boire ou conduire, il faut choisir ».

La loi Evin de 1991 encadre la publicité pour l'alcool : elle est interdite à la télévision et au cinéma, et sur les autres supports elle doit être accompagnée de l'avertissement : « L'abus d'alcool est dangereux pour la santé ». Elle interdit également le parrainage de manifestations sportives ou culturelles par des marques d'alcool.

Selon le ministère de la Santé, le **tabac** serait responsable de 78 000 décès par an en France. 90 % des cancers sont dus au tabac. Les fumeuses sont de plus en plus nombreuses. La France est le pays en Europe où les femmes enceintes fument le plus.

La loi Evin interdit la publicité pour le tabac. Depuis 2003, une directive européenne impose l'inscription « Fumer tue » sur tous les paquets de cigarettes. Un décret de 2006 interdit de fumer dans des lieux collectifs, et depuis 2009, la vente de tabacs aux mineurs est interdite. Depuis le 1er janvier 2017, le « paquet neutre », sans logo ni signe distinctif de marque, est obligatoire ; en revanche, des slogans anti-tabac et des images-chocs occupent 65 % de la surface des paquets.

Depuis 1970, la production et la consommation de **cannabis** sont interdites en France. Un décret du ministère de la Santé de 2013 autorise la commercialisation de médicaments dérivés de ce végétal.

Au cours de la dernière décennie, l'usage de drogues a augmenté, en particulier chez les jeunes. La moitié de la population considère la consommation du cannabis comme dangereuse. La part des consommateurs occasionnels de cocaïne et le nombre d'usagers d'ecstasy ont également augmenté.

Le nombre de décès par surdose est en diminution depuis 2010. Depuis 1993, les traitements de substitution par la méthadone sont autorisés.

---

l'alcoolémie *f.* Blutalkoholspiegel – **une permis provisoire** Führerschein auf Probe – **la mortalité** Sterblichkeit – **un volant** Lenkrad – **un avertissement** Warnung – **l'abus** *m*. Missbrauch – **un parrainage** Schirmherrschaft – **enceinte** schwanger – **dériver** abstammen – **occasionnel,le** gelegentlich – **une substitution** Ersatz – **la méthadone** Methadon (Ersatzdroge).

Société

Les seniors

L'espérance de vie augmente régulièrement, elle est de 79 ans pour les hommes, 85 ans pour les femmes,. Le vieillissement de la population et le chômage mettent en péril le système des retraites par répartition (les actifs payent pour les retraités). A partir de 2017, l'âge légal de la **retraite** passe de 60 à 62 ans. Les retraités sont plus actifs, ils exercent parfois un second métier, s'engagent dans des associations, assistent à des conférences ou apprennent une langue dans les Universités pour tous, ils voyagent autant que les jeunes.

Le **maintien à domicile** des personnes âgées est le principal objectif des collectivités locales, les départements versent une allocation personnalisée d'autonomie (APA) dont le montant dépend du degré d'autonomie et des ressources de la personne, ils financent des aides ménagères à domicile et organisent des distributions de repas à domicile.

Les **maisons de retraite** sont inévitables dès qu'il y a une perte d'autonomie, mais elles sont relativement chères, surtout dans la région parisienne.

Les « nouveaux pauvres »

Un million de travailleurs vivent avec 800 euros par mois. Les « **sans domicile fixe** » (**SDF**) ont un travail précaire ou sont au chômage, ce sont en majorité des hommes entre 30 et 49 ans. La moitié des SDF est née à l'étranger, 20 % ne parlent pas le français. Ils ont perdu leur logement à cause de problèmes familiaux ou par suite de maladie, 40 % n'ont jamais eu de logement propre. Ils dorment dans la rue, sous les ponts, dans les gares ou les parkings souterrains. Instauré en 2009, le **revenu de solidarité active (RSA)** garantit un revenu minimum au bénéficiaire. C'est un complément de revenu pour les travailleurs pauvres ou le seul revenu pour un chômeur en fin de droits. Il est versé par la caisse d'allocations familiales ou la mutualité sociale agricole. Actuellement, 2,5 millions de personnes reçoivent le RSA.

Plusieurs associations, comme le « Secours populaire » ou le « Secours catholique » aident les plus pauvres. Les associations les plus connues sont les **communautés d'Emmaüs**, dont la première a été créée en 1949 par l'abbé Pierre. Les personnes accueillies récupèrent et revendent, entre autres, des vêtements, meubles, appareils électroménagers. Les compagnons travaillent pour l'association, ils sont logés et nourris et reçoivent un petit salaire. Il y a 116 communautés d'Emmaüs en France (327 dans 39 pays sur quatre continents).

---

un péril Gefahr – **une répartition** Umverteilung – **un maintien** Verbleib – **les collectivités locales** Gebietskörperschaften *(z. B. Départements)* – **un montant** Höhe, Betrag – **une maison de retraite** Altersheim – **inévitable** unvermeidbar – **un sans domicile fixe** Wohnungsloser – **un revenu** Einkommen – **un bénéficiaire** Empfänger – **un complément** Zusatz – **récupérer** *ici :* einsammeln – **revendre** wieder verkaufen – **un appareil électroménager** Haushaltsgerät.

Créés en 1985, les « **Restos du Cœur** » est une association qui apporte une aide bénévole aux plus pauvres en distrubuant des repas gratuits et en les aidant dans leur insertion économique et sociale. Chaque année, l'association organise le concert des « Enfoirés », auquel des chanteurs connus participent bénévolement. Le CD et le DVD du concert sont vendus au bénéfice des Restos du Cœur.

Les étrangers en France

Les statistiques distinguent entre « **étrangers** » qui n'ont pas la nationalité française, et « **immigrés** », qui sont nés à l'étranger et ont été naturalisés. Le nombre des immigrés et étrangers vivant en France augmente régulièrement et lentement depuis 30 ans. La part de la population immigrée dans la population active est supérieure à la moyenne en Ile-de-France, dans le Sud-Est et en Alsace.
Les immigrés viennent surtout du Maghreb, du Proche-Orient et de l'Union européenne. Ils travaillent dans les secteurs de l'automobile, des travaux publics, du bâtiment, de l'hôtellerie et de la restauration. Ils vivent souvent dans les banlieues des grandes villes dans de grands ensembles où le taux de chômage est deux fois plus élevé que la moyenne.
Beaucup d'immigrés de 2e ou 3e génération sont mal acceptés par la société française, et ils ne sont pas non plus chez eux dans leur pays d'origine, dont ils ne parlent pas toujours la langue.

Les Français face à l'immigration
Face à l'immigration, on observe des attitudes différentes : les uns attendent que les immigrés adoptent les modes de vie français, les autres admettent des pratiques culturelles et religieuses différentes. Dans les débats sur l'immigration, deux idéologies s'affrontent souvent : d'un côté l'immigration (surtout musulmane) est ressentie comme une menace contre l'identité française (→ Front National p. 65), de l'autre le multiculturalisme est considéré comme une source d'enrichissement mutuel.
Depuis 1952, l'« Office français de protection des réfugiés et apatrides » (OFPRA) a pour mission d'accueillir et de protéger les **demandeurs d'asile**. En 2015, la France a enregistré 71 000 demandes d'asile dont 31 % ont été acceptées. Le traitement des demandes peut demander jusqu'à deux ans. Les demandeurs viennent surtout de Syrie, du Congo, du Soudan et du Kosovo. Une concentration de migrants qui désirent se rendre en Grande-Bretagne s'était formée dans la « jungle » de Calais, où les candidats à l'émigration s'entassaient dans des

---

un bénévole Freiwilliger – **l'insertion** *f.* (Wieder-)Eingliederung – **un enfoiré** *fam.* dummer Sack – **naturaliser** einbürgern – **un grand ensemble** Großsiedlung, Großwohnanlage – **une menace** Bedrohung – **mutuel,le** gegenseitig – **un enrichissement** Bereicherung – **un apatride** Staatenloser – **une demande** Antrag – **s'entasser** sich zusammendrängen.

Société

conditions d'hygiène déplorables, avant d'être répartis entre plusieurs centres sur le territoire français. Avec une natalité forte et un taux de chômage qui reste élevé, bien des Français ne sont pas prêts à accueillir beaucoup de migrants. De nombreuses associations humanitaires comme la Croix rouge, le Secours catholique, la CIMADE (Comité Inter-Mouvements Auprès Des Evacués), soutenue par l'église protestante, le Secours populaire, s'efforcent d'aider les migrants juridiquement et matériellement.

Devenir Français
Il y a quatre manières de devenir Français :
- Par le droit du sang, lorsque le père ou la mère est de nationalité française ;
- par le droit du sol, pour un enfant né en France d'un parent étranger né lui-même en France. Un enfant né en France dont les parents sont nés à l'étranger obtient la nationalité française à sa majorité ;
- par naturalisation, après cinq ans de séjour en France ;
- par mariage avec un Français ou une Française, au bout de quatre ans.

En un siècle, plus de 4 millions d'étrangers ont été ainsi intégrés en France.

Les loisirs

Pendant leurs loisirs, les Français écoutent de la musique, ils regardent la télévision ou surfent sur Internet, ils sortent avec des amis, lisent des journaux ou des revues, écoutent la radio. Un Français sur deux pratique le bricolage, fait de la cuisine ou de la pâtisserie, pratique un sport. Beaucoup de Français adorent la randonnée, ils disposent de 60 000 kilomètres de sentiers balisés, parmi lesquels les fameux GR (sentiers de grande randonnée). Les plus connus sont le GR 20, qui traverse la Corse du Nord au Sud, le GR 10, qui franchit les Pyrénées ou le chemin de Saint-Jacques de Compostelle, depuis l'Auvergne jusqu'à la frontière espagnole. La chasse et la pêche sont toujours très populaires, il y a dans le pays 3,6 millions de pêcheurs et 1,3 millions de chasseurs. Ces deux activités sont réglementées, il faut avoir un permis pour les pratiquer et les dates d'ouverture et de fermeture sont fixées par l'Etat.

Les parcs de loisirs se sont multipliés en France et connaissent un succès croissant ; les trois parcs les plus fréquentés sont Disneyland Paris et Walt Disney Studios (15 millions de visiteurs en 2015), le Puy du Fou en Vendée (deux millions d'entrées) et le Parc Astérix au nord de Paris (1,9 million d'entrées).

La France dispose enfin de nombreux sites historiques, dont certains sont animés par des spectacles « son et lumière » (Versailles, châteaux de la Loire) ou des reconstitutions historiques avec la participation de la population.

Les deux tiers des Français prennent des vacances, de plus en plus souvent mais de moins en moins longtemps. Ils favorisent les hébergements gratuits, dans la

---

déplorable erbärmlich – **juridiquement** rechtlich – **le sang** Blut – **un sol** Boden – **la majorité** Volljährigkeit – **le bricolage** Basteln, Heimwerken – **franchir** überqueren – **la chasse** Jagd – **la pêche** Angeln – **un site** *ici :* Stätte – **un hébergement** Unterbringung.

famille ou en résidence secondaire. Un vacancier sur dix part à l'étranger, surtout en Espagne ou en Italie. A l'intérieur de l'hexagone, le bord de mer reste privilégié. Riche en passé historique, la France dispose de plus de 44 000 monuments historiques, dont 39 sont classés au patrimoine mondial de l'UNESCO.

Château de Versailles   Chambord, un des châteaux de la Loire

Le sport

La moitié des Français pratiquent un sport régulier. Les sports favoris sont le **cyclisme**, le **tennis** et les **jeux de ballon**.
La France a accueilli en 2016 l'Euro de football qui s'est déroulé dans dix stades. Le stade de France, inauguré en 1998 à Saint-Denis dans la banlieue de Paris, peut accueillir plus de 81 000 spectateurs pour des matchs de foot ou de rugby. Des investisseurs étrangers sont venus en aide aux clubs de football dont le Qatar pour le Paris Saint-Germain. Des footballeurs français jouent dans les grands clubs européens, particulièrement en Angleterre et en Espagne où les salaires sont beaucoup plus élevés qu'en France.
Le **Tour de France** est un des évènements sportifs le plus populaires, avec ses étapes qui mènent les coureurs dans toutes les régions, et le « maillot jaune » pour celui qui est en tête. Malheureusement, cette course a connu récemment des affaires de dopage qui ont abîmé son image.
La France participe chaque année au tournoi des Six Nations de **rugby** avec l'Angleterre, l'Ecosse, l'Irlande, l'Italie et le Pays de Galles. Le tennis a sa fête annuelle en mai : les championnats internationaux de France, qui ont lieu au stade Roland Garros à Paris. Les 24 Heures du Mans sont une course motos et automobiles, en 2017, Porsche a été pour la 19e fois vainqueur. Chaque année à Montpellier se déroule le Festival international de Sports extrêmes (FISE), qui rassemble les meilleurs sportifs en skateboard, roller, bmx, mountain bike et wakeboard.
Avec plus de 300 stations de sports d'hiver, la France occupe la première place en Europe. On les trouve principalement dans les Alpes, mais aussi dans les Pyrénées, dans le Jura, les Vosges et même en Corse.

---

une résidence Ferienwohnung – **un maillot** Trikot – **abîmer** beschädigen – **un tournoi** Turnier – **un wakeboard** Wakeboard (Brett zum Gleiten auf dem Wasser).

Un sport typiquement régional est la **pelote basque** : les joueurs lancent une petite balle ronde contre un mur avec une raquette spéciale, la chistera.
Le Midi est le royaume de la **pétanque**, un jeu de boules qui peut se jouer sur toutes les places. On lance une petite boule appelée « cochonnet », puis d'autres boules plus grosses qu'il faut placer le plus près possible du cochonnet. Si on la considère comme un sport, la pétanque occupe le quatrième rang en France, compte tenu du nombre de licenciés.

La Pétanque

La vie en société

Le couple

Les **mariages** sont de plus en plus tardifs en France, les nouveaux mariés ont en moyenne 32 ans pour les hommes et 30 ans pour les femmes. Un quart des couples vivent ensemble sans être mariés : c'est l'union libre. Depuis 1999, le **pacte civil de solidarité (PACS)** permet à deux personnes quel que soit leur sexe de vivre officiellement ensemble, sans avoir toutefois les mêmes droits que les personnes mariées. Depuis 2013, la loi Taubira autorise les couples de personnes de même sexe à se marier (le mariage pour tous). 10 000 unions de ce type ont été célébrées en 2014.

Il y a deux sortes de **divorce** : par consentement mutuel ou contentieux. En moyenne 130 000 divorces sont prononcés en France chaque année. Plus de 45 % des mariages se terminent par un divorce. Dans quatre cas sur cinq, la garde des enfants est confiée à la mère. Le parent qui n'a pas la garde des enfants doit verser une pension alimentaire. L'autorité parentale continue à être exercée par le père et la mère. Après le divorce, beaucoup d'hommes et de femmes forment un nouveau couple et ont parfois des enfants, on parle de « familles recomposées ».

Les dépenses des ménages

La principale dépense des couples est le **logement**. 58 % des ménages sont propriétaires de leur habitation. Les prix de la construction de logements a plus que doublé entre 1995 et 2015, Il y a de fortes disparités entre Paris et la province, les régions les plus chères sont l'Ile-de-France et Provence-Alpes-Côte d'Azur, les

---

une raquette Schläger – **tardif, -ive** spät – **un divorce** Scheidung – **confier à** anvertrauen – **une pension alimentaire** Unterhalt – **une famille recomposée** Patchworkfamilie – **une dépense** Ausgabe.

moins chères sont dans le Centre de la France. En 2014, les 356 000 logements construits ne suffisent pas aux besoins. La pénurie est encore plus forte en ce qui concerne les logements sociaux. En 2014, il y avait sur toute la France 1,8 millions de demandes pour 450 000 logements attribués. La loi SRU (loi relative à la solidarité et au renouvellement urbains) votée en 2000 fait obligation aux communes de plus de 3500 habitants d'avoir 20 % de logements sociaux, les **HLM** (habitations à loyer modéré). Si ce quota n'est pas atteint, la commune doit payer une taxe.

La fondation Abbé Pierre, qui publie chaque année un rapport sur le mal-logement en France, estime en 2016 le nombre de mal-logés en France à 3,8 millions. L'association « Droit Au Logement » (DAL), née en 1990 à la suite de l'expulsion de 48 ménages à Paris, mène des actions spectaculaires, en particulier en occupant illégalement des logements ou des bureaux vides, pour attirer l'attention de l'opinion publique sur ce problème. La loi de 1991 interdit les expulsions de locataires pendant la « trêve hivernale », du 1er novembre au 31 mars.

Les parts du budget réservées à **l'alimentation** et à **l'habillement** diminuent, au profit du logement et des transports, de la santé, de la communication et des loisirs. Depuis 2000, les services représentent plus de la moitié des dépenses. La part consacrée à l'alimentation reste cependant plus élevée que dans les autres pays européens. La restauration rapide progresse, mais les Français apprécient également les produits régionaux « du terroir » et des plats exotiques. Les produits « bio » ont de plus en plus de succès.

La gastronomie est toujours très présente dans la culture française, les grands cuisiniers comme Paul Bocuse, Pierre Troisgros ou Joël Rebuchon sont aussi connus que les stars de cinéma, des chaînes de télévision organisent des concours de cuisine ou de pâtisserie, présentent des recettes dans des émissions spécialisées. Les guides Michelin et Gault et Millau, qui attribuent chaque année des étoiles, des toques ou des fourchettes aux restaurants, sont très attendus. La littérature gastronomique est toujours abondante dans les librairies.

Fêtes et traditions

En France et en Allemagne, les jours fériés et les fêtes ne tombent pas tous le même jour. Les fêtes religieuses sont toujours célébrées, même si parfois on oublie l'évènement chrétien qui en est à l'origine.

Le 6 janvier, « **on tire les rois** ». On mange la « galette des rois », un gâteau spécial, dans lequel est cachée une figurine. Celui ou celle qui la trouve devient roi ou reine d'un jour.

---

une pénurie Knappheit, Mangel – **attribuer** *ici :* zuweisen – **une expulsion** *ici :* Zwangsräumung – **cansacrer à** verwenden für – **une recette** Rezept – **une toque** Kochmütze – **abondant,e** zahlreich – **un jour férié** Feiertag – **la galette des rois** *Blätterteigkuchen zum 6. Januar* – **une figurine** kleine Figur, *ici :* Dreikönigsfigur.

Le 2 février (jour de la **Chandeleur**), on fait sauter des crêpes dans une poêle, si possible avec, dans la main, une pièce d'argent qui doit apporter la richesse pour toute l'année.

A **Pâques**, les petits Français, comme les Allemands, cherchent des œufs. Cependant ceux-ci ne sont pas apportés par un lièvre, mais par les cloches qui sont parties à Rome le Vendredi saint et reviennent le dimanche.

Pour la **Toussaint** (1er novembre), les Français ont l'habitude de fleurir les tombes. Le soir du 24 décembre, les enfants déposent leurs souliers au pied de l'arbre de Noël, car le **Père Noël** va déposer des cadeaux pendant la nuit. La famille se réunit ensuite autour d'un bon repas, le **réveillon**. Le 31 décembre au soir, le réveillon a lieu surtout entre amis.

En mai et juin, il y a la **Fête des Mères**, qui n'est pas à la même date dans tous les pays européens, suivie de la **Fête des Pères** trois semaines après.

A part les fêtes religieuses, il y a des festivités qui dérivent de traditions ou d'anniversaires d'évènements historiques. Le 14 juillet, la **Fête nationale** rappelle la prise de la Bastille en 1789. On organise des feux d'artifice et des bals dans les villes et villages le soir du 13 ou du 14. Le **11 novembre** et le **8 mai** (→ page ci-contre) marquent la fin de la Première et Seconde Guerre mondiale, une délégation dépose des fleurs au pied du monument aux morts.

---

la Chandeleur Mariä Lichtmess – **une poêle** Pfanne – **un lièvre** Hase – **une cloche** Glocke – **fleurir** schmücken – **une tombe** Grab – **un soulier** Schuh.

Jours officiellement fériés en France

Date	Nom	
1ᵉʳ janvier	Jour de l'an	Neujahr
Lendemain du dimanche de Pâques	Lundi de Pâques	Ostermontag
1ᵉʳ mai	Fête du travail	Maifeiertag / Tag der Arbeit
8 mai	Fête de la victoire (Fin de la Seconde Guerre mondiale)	–
39 jours après Pâques	Jeudi de l'Ascension	Christi Himmelfahrt
Lendemain du septième dimanche après Pâques	Lundi de Pentecôte	Pfingstmontag
14 juillet	Fête nationale	–
15 août	Assomption	Mariä Himmelfahrt
1ᵉʳ novembre	Toussaint	Allerheiligen
11 novembre	Armistice de 1918 (Fin de la Première Guerre mondiale)	–
25 décembre	Noël	1. Weihnachtstag

6 Economie

Mehr dazu
hi48h8 🌐

La France est en 2016 la cinquième puissance économique mondiale après les Etats-Unis, la Chine, le Japon et l'Allemagne. Comme dans les autres pays développés, les services prennent une place de plus en plus importante. En 2016, ils représentent 77% des emplois, contre 20% pour l'industrie et 3% pour le secteur primaire.

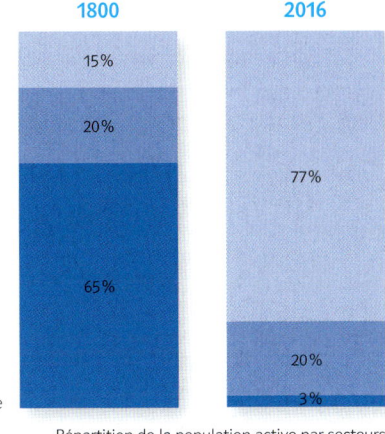

Répartition de la population active par secteurs

Le secteur primaire

Le secteur primaire concerne l'exploitation directe des ressources naturelles. Il comprend l'agriculture, la pêche, la forêt et les mines.

L'agriculture

La France possède un climat favorable à l'**agriculture**, qui utilise plus de la moitié de la surface du pays. Ce secteur a perdu un million d'actifs en 20 ans, passant de deux millions en 1990 à un million en 2010. Le nombre d'exploitations a également été divisé par deux. Néanmoins, la France reste la première puissance agricole de l'Union Européenne (UE). Après les Etats-Unis, la France est le second pays exportateur de produits agricoles et agroalimentaires dans le monde. La moitié des recettes vient des cultures, la moitié de l'élevage.

L'importance de l'agriculture a permis de développer des **industries agroalimentaires** à partir du lait, de la viande, des boissons, des aliments pour animaux. Ce secteur occupe une place de plus en plus importante en France. Il s'est implanté dans les zones portuaires et dans la périphérie des grandes villes, où il y a une forte concentration de consommateurs.

En ce qui concerne les organismes génétiquement modifiés (**OGM**), une loi de 2014 interdit la culture de maïs transgénique en France. Lorsque des OGM sont présents dans les aliments, la loi européenne prévoit un étiquetage spécifique.

---

les services f. Dienstleistungen – **l'exploitation** f. Bewirtschaftung, Nutzung – **les ressources naturelles** Bodenschätze – **la pêche** Fischfang – **une mine** Bergwerk – **un actif** Erwerbstätiger – **l'aliment** m. Futter – **portuaire** Hafen- – **O**(rganismes)**G**(énétiquement)**M**(odifiés) genmanipulierte Organismen – **transgénétique** gentechnisch verändert – **une étiquetage** Etikettierung.

Economie

Produits végétaux : En 30 ans, la production de **blé** a presque doublé (40 millions de tonnes en 2015). Les autres céréales cultivées sont le **maïs,** surtout utilisé pour l'alimentation du bétail, **l'orge** et **le seigle**. La France est le premier producteur mondial de **betteraves à sucre**, principale culture industrielle. Avec l'Espagne, elle est également le principal fournisseur de **tournesol**. Encouragé par la politique européenne, **le colza** gagne en surface cultivée. Les céréales sont cultivées sur l'ensemble du territoire, mais principalement dans le Bassin parisien, le Nord (où on produit également de la betterave à sucre) et le Sud-Ouest. Le pays offre une grande variété de **fruits et légumes**, que l'on trouve surtout dans les vallées : Loire, Garonne, Rhône, Durance, ainsi que sur la côte atlantique, au climat plus doux et humide. La Côte d'azur est exportatrice de fleurs coupées.

Produits animaux : Il y a en France près de 20 millions de **bovins**, c'est-à-dire un pour trois habitants. Le pays assure près d'un quart de la production de viande bovine de l'Union européenne. Le Français est le plus gros consommateur de viande en Europe, il doit importer la moitié de sa consommation. L'augmentation des prix de la viande bovine pousse les consommateurs à se tourner vers les **volailles** dont la France est le premier producteur européen. L'élevage est pratiqué avant tout pour la viande dans le Centre (Charolais, Limousin) alors que les éleveurs de Normandie, Bretagne et Savoie vivent plutôt de la production laitière.

En 2015, la France est avec 47 millions d'hectolitres le second producteur mondial de **vin**, derrière l'Italie, devant l'Espagne et les Etats-Unis. Le Français boit du vin à table, la consommation a fortement baissé, (100 litres par an et par personne en 1960, 42 litres aujourd'hui). La part de vins de qualité, les appellations d'origine contrôlée (AOC), n'a cessé de progresser. Les principales régions productrices sont le Midi, le Bordelais, la Bourgogne, la Champagne et les Pays de Loire. La France demeure le premier exportateur mondial de vin, ses principaux clients sont le Royaume-Uni, l'Allemagne, la Belgique, les Pays-Bas, les Etats-Unis et la Chine.

Les **richesses du sous-sol** sont dans l'ensemble peu abondantes et souvent difficiles et coûteuses à exploiter, ce qui oblige la France à importer la plus grande partie de l'énergie et des matières premières dont elle a besoin. Les centrales nucléaires (→ L'énergie p. 100) produisent près de 75% de l'électricité française. Les gisements de gaz naturel d'Aquitaine et de pétrole (Landes, Ile-de-France) trop peu rentables, ne sont plus expoités. On a également abandonné l'extraction du minerai de fer lorrain, de la bauxite en Provence et de la potasse en Alsace.

---

le blé Weizen – **les céréales** f. Getreide – **cultiver** anbauen – **le bétail** Vieh – **l'orge** f. Gerste – **le seigle** Roggen – **une betterave à sucre** Zuckerrübe – **un fournisseur** Lieferant – **un tournesol** Sonnenblume – **le colza** Raps – **le bovin** Rind – **les volailles** f. Geflügel – **l'élevage** m. Zucht – **laitier, -ière** Milch- – **demeurer** bleiben – **les richesses** f. **du sous-sol** Bodenschätze – **les matières premières** Rohstoffe – **une centrale nucléaire** Atomkraftwerk – **le gisement** Vorkommen – **le gaz naturel** Erdgas – **le minerai de fer** Eisenerz – **la bauxite** Bauxit (Aluminiumerz) – **la potasse** Kali.

Le sous-sol a longtemps fourni du charbon dans le Nord, en Lorraine et autour du Massif Central, mais les **mines** ont cessé leur activité.

La pêche

Malgré ses 5500 km de côte, la France n'a pas particulièrement développé le secteur de la pêche. Elle est au troisième rang dans l'Union européenne après l'Espagne et le Royaume-Uni. A partir de 1983, les institutions européennes réduisent les volumes autorisés pour préserver les ressources en poisson. La production ne suffit plus à couvrir les besoins de la consommation nationale. Les importations sont en hausse, surtout pour les produits de grande consommation : saumons, thons, crevettes. Les fournisseurs sont la Norvège et les pays émergents d'Asie et d'Amérique du Sud, qui développent l'aquaculture.

La forêt et le bois

La forêt française couvre 16 millions d'hectares, ce qui représente 30 % du territoire national. Les régions les plus boisées sont l'Est, le Sud-Est et l'Aquitaine. Les trois quarts des forêts françaises sont privées, l'ONF (office national des forêts) gère le domaine public. Plus de la moitié du bois est utilisé pour la construction, le reste principalement pour l'emballage et les meubles.

A partir de 1963 ont été créés en France des parcs naturels nationaux, aujourd'hui au nombre de dix, où les animaux et les arbres sont protégés, et où le public doit respecter des règles strictes. Il faut y ajouter 50 parcs naturels régionaux.

Le secteur secondaire (industrie)

La France est actuellement au sixième rang mondial pour la production industrielle, après les Etats-Unis, la Chine, le Japon, l'Allemagne et la Grande-Bretagne. Trois millions de salariés, soit 14 % de la population active, travaillent dans l'industrie, qui représente en 2014 12 % du PIB et assure 96 % des exportations. Les secteurs les plus dynamiques sont la construction navale civile, l'aéronautique et l'automobile. Le textile et l'habillement ainsi que le secteur du bâtiment et travaux publics (BTP) par contre connaissent des difficultés.

La majorité des industries françaises se situe toujours à l'est d'une ligne Le Havre-Marseille. On y trouve les métropoles et axes industriels tels que la région parisienne et la vallée de la Seine, la région Auvergne-Rhône-Alpes (Lyon-Marseille) et la vallée du Rhin.

Dans l'autre moitié du pays, l'activité industrielle a longtemps été limitée à quelques zones industrielles (Nantes, Bordeaux) et à des foyers assez isolés comme par exemple Caen, Rennes et Toulouse. Mais la situation évolue. De plus

---

couvrir (ab)decken – **être en hausse** steigen – **un saumon** Lachs – **une crevette** Garnele – **boisé,e** bewaldet – **gérer** verwalten – **l'emballage** *m.* Verpackung – **le P(roduit)I(ntérieur)B(rut)** B(rutto)I(nland)P(rodukt) – **la construction navale** Schiffbau – **l'aéronautique** *f.* Luftfahrt(industrie) – **l'habillement** *m.* Kleidung – **un foyer** *ici :* Zentrum.

en plus, les régions côtières de l'ouest, du sud-ouest et du sud-est, qui offrent un cadre de vie agréable, ont vu s'installer des activités basées sur les technologies nouvelles.

Sidérurgie

La production d'acier a connu une forte progression jusqu'en 1973, mais les années 1970 marquent le début du déclin. Victime de la concurrence chinoise, qui produit 50 % de l'acier mondial, la France est descendue au 16e rang mondial. Les principaux clients de la sidérurgie sont l'industrie automobile, le bâtiment, l'électroménager et l'emballage.

Construction navale

Le secteur de la construction et réparation navales progresse, avec des commandes de navires de croisière, de navires militaires ou de sécurité maritime. Les chantiers de Saint-Nazaire ont du travail assuré pour dix ans. L'entreprise DCNS (Direction des constructions navales et Systèmes), basée à Cherbourg, Lorient et Nantes, a remporté en avril 2016 un important contrat en Australie, qui a commandé douze sous-marins. La même année, les chantiers de Saint-Nazaire ont livré le plus gros paquebot du monde, *Harmony of the seas* (8000 passagers).

Aéronautique

Le secteur aéronautique emploie 180 000 salariés, qui travaillent majoritairement dans les régions Midi-Pyrénées et Ile-de-France. La France est le second pays exportateur dans le monde derrière les Etats-Unis. Le groupe franco-allemand **Airbus** est le plus grand fabricant européen d'avions, il enregistre des succès avec l'A320 et l'A350, dont le premier exemplaire, conçu et fabriqué à Toulouse, a été livré en octobre 2014. Le plus grand avion du monde, l'A380, a effectué son premier vol commercial entre Paris et New York en novembre 2009. Il connaît actuellement des problèmes de commercialisation.

Dans le domaine militaire, **Dassault aviation**, qui vient de fêter son centenaire, a produit en particulier les avions de combat **Mirage** et rencontre moins de succès avec son remplaçant, le **Rafale**. Avec l'**Eurofighter**, ce dernier fait partie des avions de combat les plus modernes.

---

côtier, -ière küstennah – **la sidérurgie** Eisen- und Stahlindustrie – **l'acier** *m*. Stahl – **un déclin** Niedergang – **une victime** Opfer – **l'électroménager** *m*. (Herstellung von) elektr. Haushaltsartikel(n) – **l'emballage** *m. ici :* Verpackungsindustrie – **un navire de croisière** Kreuzfahrtschiff – **la sécurité maritime** Gewässersicherung – **un sous-marin** U-Boot – **un paquebot** Passagierschiff – **enregistrer** *ici :* verzeichnen – **conçu,e** entworfen – **la commercialisation** Vermarktung.

Astronautique

En décembre 1979 a eu lieu depuis Kourou en Guyane le lancement de la première fusée européenne **Ariane**, qui envoie des satellites dans l'espace. La société **Arianespace** s'occupe de la commercialisation, de la fabrication et du lancement des fusées. Le modèle Ariane 5 a réussi 65 lancements, le projet Ariane 6 est programmé pour un achèvement en 2020.

L'automobile

Après des années difficiles à cause de la crise financière de 2008, l'industrie automobile profite de la reprise des ventes dans l'Union européenne. En 2015, les groupes PSA (Peugeot et Citroën) et Renault ont produit dans

Portotype d'Ariane 6

le monde plus de six millions de véhicules, dont près de deux millions en France. En Allemagne, par contre, sont construits six millions de véhicules.
Au 1er janvier 2015, 38 millions de véhicules roulaient en France, la part du diesel était de deux tiers environ. On assiste à la délocalisation de la production de petites voitures dont la Peugeot 208 qui est fabriquée en Slovaquie et la Twingo en Slovénie.
Renault s'est développé à l'international, s'associant au japonais Nissan, au sud-coréen Samsung et achetant le Roumain Dacia. En 2017, PSA a repris l'Allemand Opel. Bien que l'Etat verse des primes aux vendeurs, les voitures électriques ne représentent que 1% des achats de véhicules produits en série. Parmi celles-ci, la Renault ZOE est la plus populaire grâce à son prix modéré.
Toutes les nouvelles voitures sont soumises à un contrôle technique obligatoire au bout de quatre ans (en Allemagne après trois ans), puis tous les deux ans.

Textile et habillement

Considérablement affaiblies par la concurrence internationale, les industries du textile et de l'habillement ont perdu une part considérable de leurs effectifs depuis les années 1980. Entre 2000 et 2013, la moitié des emplois ont été supprimés. L'avenir appartient aux textiles techniques (résistants au feu ou isolants) ou de luxe. L'activité se concentre sur Paris et l'Ile-de-France. L'industrie de la mode et du luxe représente la moitié du chiffre d'affaires réalisé à l'exportation.

---

une fusée Rakete – **le lancement** *ici :* Start, Abschuss – **un achèvement** Fertigstellung – **reprendre** *ici :* übernehmen – **affaiblir** schwächen – **l'effectif** *m.* Personal(stand) – **le chiffre d'affaires** Umsatz.

Industries du luxe

Les maisons de luxe françaises sont au premier rang du marché mondial, elles réalisent un quart du chiffre d'affaire dans leur secteur. 80 % des ventes sont réalisées à l'étranger. Le groupe LVMH (Louis Vuitton, Moët, Hennessy) a financé la construction de la fondation Vuitton à Paris, qui expose de l'art contemporain dans une architecture futuriste (→ p. 27), il est suivi de Richemont et Kering, qui gère, entre autres, les marques Cartier, Yves Saint Laurent, l'Oréal, Hermès et Christian Dior.

Industries de l'armement

La France fait partie des cinq plus gros exportateurs d'armes dans le monde, avec les Etats-Unis, la Russie, la Chine et l'Allemagne. Le secteur contribue à diminuer le déficit commercial du pays. La France vend entre autres des sous-marins, des avions de combat, des hélicoptères. Ses principaux clients sont au Proche et au Moyen Orient. Des avions Rafale (→ Aéronautique p. 96) ont été vendus à l'Egypte et au Qatar.

Industrie chimique et pharmaceutique

Ce secteur est au cinquième rang dans le monde et second en Europe après l'Allemagne. Il dégage un excédent commercial, grâce à la vente de produits pharmaceutiques, de savons, produits d'entretien et parfums. En matière de dépenses de recherche et développement, l'industrie chimique et pharmaceutique est le premier secteur industriel en France. Ces industries sont disséminées dans tout le pays, avec quelques grands pôles dans les zones déjà fortement industrialisées : Paris, Lyon (industrie pharmaceutique) et le Nord, mais aussi dans les ports (pétrochimie) : Marseille, Bordeaux, Nantes, Le Havre, Strasbourg. En 2014, les deux tiers du volume ont été exportés.

Construction électrique et électronique

Ce secteur emploie plus de 60 000 personnes en France et se place au quatrième rang dans le monde après les USA, le Japon et l'Allemagne.
Le groupe **Thales**, créé en 2000, est spécialisé dans la sécurité des transactions électroniques et des transports aériens, il réalise la plus grande part de son activité dans le domaine de la défense. L'entreprise **Safran** fabrique des équipements électroniques pour les avions et hélicoptères.
Des entreprises françaises du secteur sont passées sous contrôle étranger : **Alcatel** a été repris par le Norvégien Nokia, **Alstom** par General Electric.
Dans le domaine de **l'électroménager**, le groupe **SEB**, célèbre à l'origine pour ses « cocottes-minutes », s'est internationalisé en reprenant les marques Tefal, Krups, Rowenta et plus récemment le groupe allemand WMF.

---

une vente Verkauf – **l'armement** *m.* Rüstung – **dégager** *ici :* erzielen – **un excédent** Überschuss – **l'entretien** *m. ici :* Pflege – **disséminer** verstreuen – **la défense** Verteidigung – **une cocotte-minute** Schnellkochtopf.

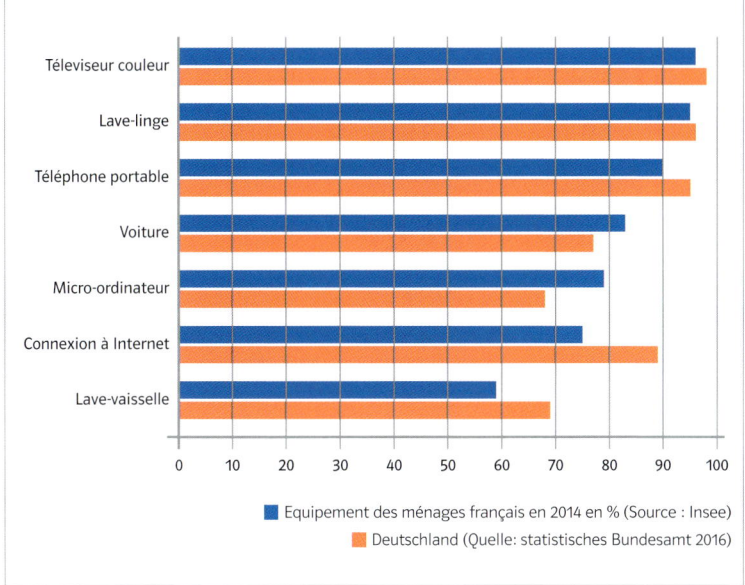

La haute technologie

En ce qui concerne l'**industrie de pointe** et la **haute technologie**, on constate la domination du bassin parisien et de la région Auvergne-Rhône-Alpes, quoique le sud et l'ouest de la France attirent de plus en plus de firmes. C'est dans les régions du Midi que l'on a pu observer la plus forte régression des industries traditionnelles, tandis que le domaine de la haute technologie, qui emploie des spécialistes très qualifiés, connaît un essor considérable dû à l'attrait de villes comme Nice, Montpellier, Toulouse (aéronautique), Bordeaux.

Les **technopoles** sont des sites réunissant les activités de formation (universités), de recherche (laboratoires) et de production (entreprises). Elles sont réparties sur tout le territoire. Leur rôle est de faciliter les échanges entre la recherche et l'industrie.

Toutefois, à l'heure de la **mondialisation**, on assiste non seulement à une certaine **décentralisation** vers la province mais à une **délocalisation** des lieux de fabrication vers des pays où la main-d'œuvre bon marché permet d'abaisser les coûts de production.

---

un lave-linge Waschmaschine – **l'industrie de pointe** f. Spitzenindustrie – **une régression** Rückgang – **un essor** Aufschwung – **un site** *ici :* Industriegebiet – **réunir** vereinigen – **répartir** verteilen – **faciliter** erleichtern – **la main-d'œuvre** Arbeitskräfte – **abaisser** senken – **les coûts** *m.* **de production** Herstellungskosten.

Le commerce extérieur

Le déficit commercial de la France a diminué depuis 2012 grâce à la baisse du prix des produits de l'énergie et à une réduction des importations à cause de la faible demande intérieure. Le pays exporte du matériel de transport (Airbus, TGV, automobiles), des produits agricoles et de luxe, de l'habillement, des parfums, des cosmétiques, des produits pharmaceutiques et chimiques (peintures, vernis, colles) et des armes. Il importe des produits dans les secteurs de l'énergie (pétrole, gaz), du matériel informatique et électronique, du textile et de l'habillement. Les principaux partenaires commerciaux sont l'Union européenne, les Etats-Unis et la Chine. L'Allemagne reste le premier fournisseur et le premier client, c'est aussi le deuxième investisseur étranger créateur d'emplois en France.

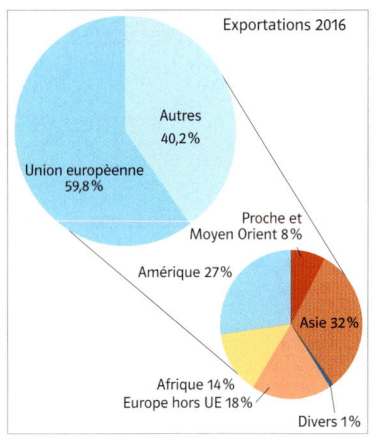
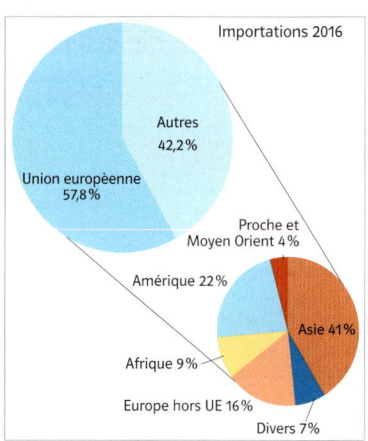

L'énergie

Avec 58 réacteurs, le **nucléaire** fournit les trois quarts de l'électricité en France. C'est le troisième secteur industriel, derrière l'aéronautique et l'automobile. En 2017, cinq réacteurs sont à l'arrêt à cause d'incidents dans certains générateurs de vapeur. Dans les années qui viennent, EDF (→ Le rôle de l'Etat dans l'économie p. 104), qui est chargée du transport de l'électricité, est responsable de la sûreté des centrales.

La loi sur la transition énergétique votée en août 2015 fixe un objectif de réduction de la consommation d'énergie de 50 % d'ici 2050. Elle prévoit d'augmenter la part des énergies renouvelables pour arriver à un tiers de la consommation en

---

le commerce extérieur Außenhandel – **un déficit commercial** Handelsdefizit – **faible** schwach – **la demande intérieure** Inlandsnachfrage – **la peinture** Farbe – **le vernis** Lack – **la colle** Klebstoff, Leim, Kleister – **un fournisseur** Lieferant – **le nucléaire** Kernkraft – **fournir** liefern – **un incident** Störfall – **la vapeur** Dampf – **la transition énergétique** Energiewende.

2030. Une centrale de nouvelle génération, l'EPR (European Pressurized Reactor), accumule les retards. La France stocke et traite les déchets radioactifs de plusieurs pays à La Hague (Normandie) où se trouve l'usine de retraitement la plus importante du monde.

En 2015, les énergies renouvelables ne représentaient que 17 % de la production électrique française (28 % en Allemagne). L'hydraulique fournit 70 % des énergies renouvelables, l'éolien 16 % et le solaire 6 %. Dans la région bordelaise a été mise en service la plus grande centrale solaire d'Europe : un million de panneaux photovoltaïques fournissent assez d'énergie pour alimenter une ville comme Bordeaux.

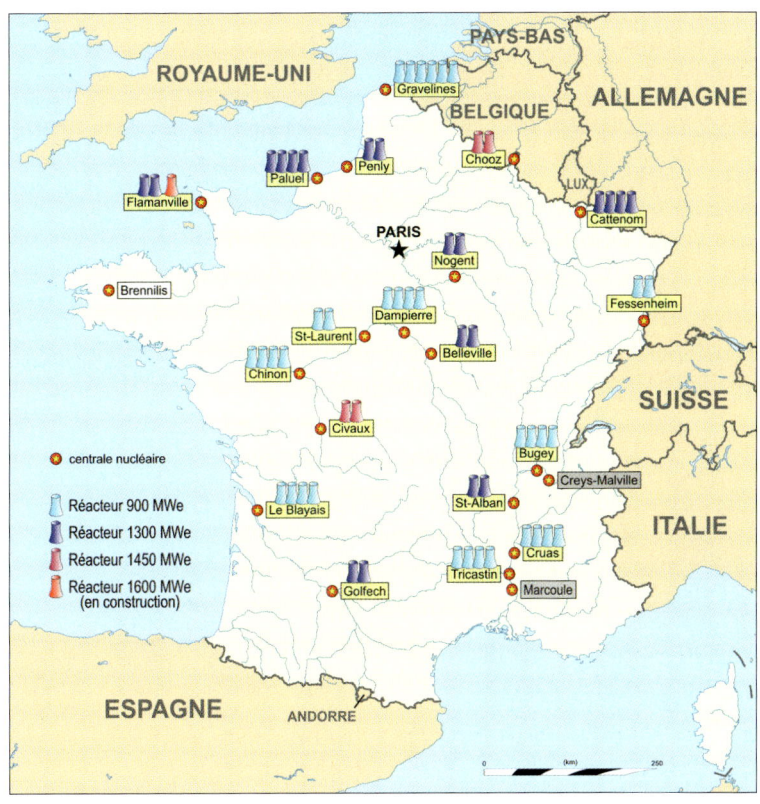

Les centrales nucéaires françaises

---

accumuler des retards *ici :* in Zeitverzug sein – **stocker** lagern – **une usine de retraitement** Wiederaufbereitungsanlage – **l'hydraulique** *f.* Wasserkraft – **l'éolien** *m.* Windkraft – **alimenter** versorgen.

Le secteur tertiaire (Les services)

Le commerce
La grande distribution est dominée par **Leclerc**, **Carrefour**, **Intermarché**, **Système U**, le groupe **Auchan** et **Casino**. L'arrivée sur le marché des hard discounters comme Lidl ou Aldi et le développement du commerce en ligne obligent les grandes marques à être plus compétitives et plus flexibles. Pour obtenir de meilleurs prix, les grandes enseignes ont créé des centrales d'achat communes : Intermarché s'est allié avec Casino, Auchan avec Système U et Leclerc avec l'Allemand Rewe Group. Le groupe Carrefour réalise plus de la moitié de son chiffre d'affaires à l'étranger, principalement dans les pays européens.

Les **ventes par Internet** ne cessent d'augmenter, elles se font surtout dans le domaine du tourisme, de l'audiovisuel, de la téléphonie et de l'habillement.

Les hypermarchés connaissent aussi la concurrence des grandes surfaces spécialisées, comme **Leroy Merlin** pour le bricolage, **Décathlon** pour le sport et **Darty** pour l'électroménager.

Les principales dépenses des Français concernent le logement, l'alimentation et les transports.

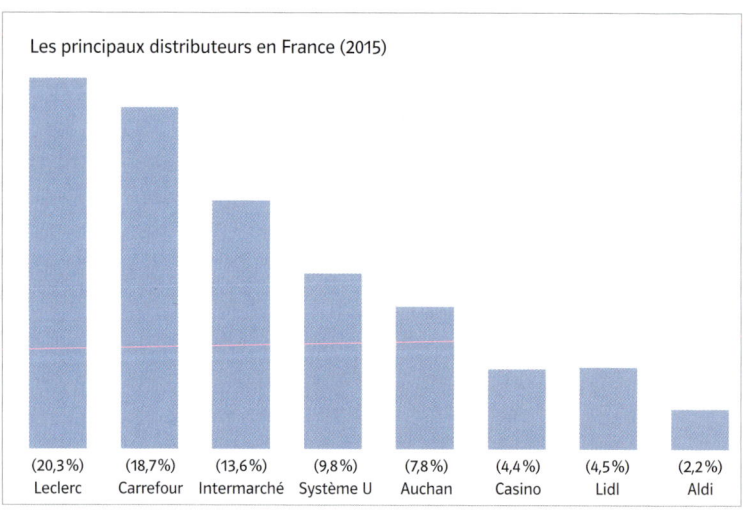

Les principaux distributeurs en France (2015)

| (20,3%) | (18,7%) | (13,6%) | (9,8%) | (7,8%) | (4,4%) | (4,5%) | (2,2%) |
| Leclerc | Carrefour | Intermarché | Système U | Auchan | Casino | Lidl | Aldi |

Les banques
La plupart des banques établies en France sont des filiales de sept grands groupes dont les plus importants sont la **Société générale**, le **Crédit agricole** et

---

la distribution Vertrieb – **en ligne** online – **compétitif, -ive** konkurrenzfähig – **une enseigne** *ici :* Kette – **le bricolage** *ici :* Heimwerken.

BNP Paribas. Après une période de création d'emplois, les banques diminuent le nombre d'agences par souci de rentabilité. Une grande partie des opérations ne se fait plus au guichet, mais sur Internet. 7% des Français ont choisi une banque en ligne. Les Français utilisent la carte de crédit, appelée communément « carte bleue », aussi volontiers que les Allemands (environ la moitié des transactions, le reste est payé par chèque ou en espèces).

Les assurances

Dans le secteur des assurances, la tendance est à la concentration. Les cinq premiers grands groupes représentent 50 % du marché, les sociétés étrangères en détiennent un quart. Le groupe allemand **Allianz** est en tête parmi elles. Plusieurs banques comme le Crédit agricole, BNP Paribas ou le Crédit mutuel ont une branche spécialisée dans l'assurance.

Les **mutuelles** de santé (→ La santé p. 82) sont des sociétés d'assurance à but non lucratif, elles sont essentiellement financées par les cotisations des membres et ne distribuent pas de dividendes. La concentration se poursuit également dans ce secteur, avec des grands groupes comme **Istya**, le premier groupe français de complémentaire santé en France ou **AXA** qui est le numéro deux de l'assurance dans le monde.

Les **instituts de prévoyance** sont gérés de manière paritaire par les employeurs et les salariés, ils couvrent les risques de santé et de prévoyance et peuvent gérer les cotisations retraites en collaboration avec la sécurité sociale.

L'**assurance auto** est obligatoire et une vignette doit être affichée sur le pare-brise de la voiture.

Depuis le 1er janvier 2016, tout employeur doit avoir une assurance complémentaire santé valable pour tous les salariés, en particulier pour ceux qui n'ont pas de mutuelle.

Pour les habitations, les propriétaires ou les locataires doivent avoir une attestation d'assurance contre l'incendie et les inondations.

Tourisme et hôtellerie

Grâce à une variété de paysages et de bonnes infrastructures, la France est la première destination touristique mondiale avec 84,5 millions de visiteurs étrangers en 2015, dont 70 millions originaires d'Europe. Les Allemands sont en tête, suivis des Britanniques. Les trois sites les plus visités sont dans la région parisienne : **Disneyland Paris**, le **musée du Louvre** et le **château de Versailles**. Les deux tiers des Français prennent des vacances, la majorité d'entre eux reste en France. 10 millions de Français sont partis en vacances à l'étranger en 2015,

---

le souci Sorge – **un guichet** Schalter – **communément** für gewöhnlich – **en espèces** in bar – **une assurance** Versicherung – **une cotisation** Beitrag – **un dividende** Dividende, Gewinnausschüttung – **un complémentaire santé** Krankenzusatzversicherung – **une prévoyance** Vorsorge – **une retraite** Rente – **le pare-brise** Windschutzscheibe – **une inondation** Überschwemmung.

les destinations privilégiées sont l'Espagne, l'Italie et la Grèce. La durée moyenne des séjours est de deux semaines.
Trois groupes hôteliers dominent le marché en France : **AccorHotels**, **Louvre Hôtels** et **B&B Hôtels**. Le groupe Accor est leader mondial dans son secteur, il gère les enseignes Novotel, Mercure, Ibis et Formule 1. Les Chinois se sont implantés en France, le groupe Jinjiang est le principal actionnaire du groupe Accor.

Le pays offre une grande variété d'**hébergements**, du camping à l'hôtel cinq étoiles en passant par les chambres d'hôte qui se développent partout. Les chaînes indépendantes représentent 50 % du marché, la plus importante est **Logis de France**, qui attribue des cheminées à la place des étoiles selon le niveau de confort. Chaque année, le **guide Michelin** donne un classement des hôtels par villes, les étoiles qu'il attribue sont très recherchées.

Les télécommunications

Le marché français est ouvert à la concurrence depuis janvier 1998. **France Télécom**, privatisée à partir de 1997, est devenue en 2013 **Orange**.
En 2015, 92 % des Français disposent d'un **téléphone portable**, le marché est dominé par quatre opérateurs dont Orange (35 %). Le nombre de ménages équipé d'un appareil fixe est en baisse.
Quatre ménages français sur cinq disposent d'une connexion à **Internet**. Le site le plus visité en France comme en Allemagne est Google.

Le rôle de l'Etat dans l'économie

Pendant longtemps après la Seconde Guerre mondiale, les entreprises remplissant une mission de service public avaient le monopole sur le marché : **EDF** pour fournir de l'électricité, **GDF** pour le gaz, la **SNCF** pour les transports ferroviaires, la **Poste** pour les lettres et paquets. L'Union européenne a poussé à supprimer ces monopoles au nom du libre marché des entreprises, et plusieurs secteurs ont été progressivement ouverts à la concurrence.
Depuis le milieu des années 1980, le nombre d'entreprises contrôlées majoritairement par l'Etat a été divisé par deux. Des entreprises comme Renault, Air France, France Telecom, EDF, GDF et les sociétés d'autoroutes ont été totalement ou partiellement privatisées. Aujourd'hui, un salarié sur dix travaille dans une entreprise

---

un hébergement Unterbringung – **une cheminée** Kamin – **attribuer** vergeben – **recherché,e** begehrt – **ferroviaire** Schienen-.

publique. Afin d'éviter la prise de contrôle d'entreprises par des groupes internationaux, une loi de 2014 soumet à autorisation préalable les investissements étrangers dans certains domaines comme l'eau, la santé, l'énergie, les transports ou les télécommunications.

Les entreprises

Il y a trois millions d'entreprises en France, qui sont classées depuis 2013 en quatre catégories : les **micro entreprises**, présentes surtout dans le tertiaire, les petites et moyennes entreprises (**PME**), qui sont présentes dans toutes activités et qui emploient en moyenne une trentaine de salariés, les entreprises de taille intermédiaire (**ETI**), très industrielles, et les **grandes entreprises**, au nombre de 222, majors sur le plan international, qui emploient au total 30 % des salariés.

Le monde du travail

Les conditions de travail

Le temps de travail hebdomadaire légal est de 35 heures. La durée des congés payés est de 30 jours. Il y a 11 jours fériés (→ Jours officiellement fériés en France, p. 91).
Il existe un salaire minimum valable pour tous les secteurs d'activité, le **SMIC** (salaire minimum interprofessionnel de croissance, → L'évolution de la société française aux 20e et 21e siècles p. 72), qui est fixé par le gouvernement.

Les syndicats

En 60 ans, le taux de syndicalisation en France a été divisé par quatre, il est actuellement au plus bas niveau parmi les pays de l'OCDE, avec moins de 10 % des salariés syndiqués (Allemagne : moins de 20 %). A la différence de l'Allemagne, le dialogue social n'est pas une pratique courante en France, les syndicats préfèrent souvent utiliser la **grève** avant toute discussion sur les salaires ou les conditions de travail. Les arrêts de travail dans les transports sont souvent utilisés comme instrument politique contre le gouvernement.
Le mouvement syndical est très divisé à cause de la concurrence entre les organisations syndicales dont les plus grandes sont la **CGT** (Confédération générale du travail) , qui a longtemps été sous influence communiste, **FO** (Force ouvrière) et la **CFDT** (Confédération française démocratique du travail), qui sont plus réformistes. Parmi les syndicats étudiants, l'Union nationale des étudiants de France **(UNEF)**, créée en 1907, est le plus ancien et le plus représentatif. Elle milite pour un salaire versé à tout étudiant, la construction de nouvelles résidences universitaires et des bourses basées sur des critères sociaux.

---

soumettre à unterwerfen – **préalable** vorhergehend – **une taille** Größe – **intermédiaire** mittlerer – **hebdomadaire** wöchentlich – **congé payé** bezahlter Urlaub – **le SMIC** gesetzlich garantierter Mindestlohn – **un syndicat** Gewerkschaft – **un syndiqué** gewerkschaftlich Organisierter – **une grève** Streik – **une bourse** Stipendium.

Les lycéens sont regroupés autour de la **FIDL** (fédération indépendante et démocratique lycéenne). Créée en 1987, cette organisation lutte pour les droits et les devoirs des lycéens, particulièrement celui de pouvoir s'exprimer au sein de la société. La FIDL lutte, entre autres, contre les inégalités, la violence scolaire et le racisme.

Une grève organisée par la CGT

Les organisations patronales

Le Mouvement des entreprises de France **(MEDEF)** a été fondé en 1998. Il représente les entrepreneurs auprès du gouvernement et du public, conseille les entreprises et est le partenaire des syndicats ouvriers dans les négociations (salaires, organisation du travail, assurance chômage).
La confédération générale des petites et moyennes entreprises **(CGPME)** a été créée en octobre 1944. Elle demande à l'Etat d'abaisser les charges pour les PME.

Le marché de l'emploi

Depuis le milieu des années 1980, le taux de **chômage** est élevé en France, il atteint presque 10 % de la population active en décembre 2016. Dans l'industrie la hausse des emplois très qualifiés ne suffit pas à compenser les pertes d'emploi sans qualification. De plus, le secteur tertiaire, qui représente les trois quarts des emplois, a ralenti sa progression.

---

patronal,e Arbeitgeber- – **un entrepreneur** Unternehmer – **conseiller** beraten – **une négociation** Verhandlung – **les charges** f. Kosten – **le taux de chômage** Arbeitslosenquote – **élevé,e** hoch – **atteindre** erreichen – **la population active** erwerbstätige Bevölkerung – **une hausse** Anstieg – **une perte** Verlust – **ralentir** verlangsamen.

Le taux de chômage des jeunes de 18 à 25 ans est beaucoup plus élevé en France qu'en Allemagne (25 % contre 7 % en 2016). Pour lutter contre le chômage, l'Etat a créé des emplois aidés, qui permettent en particulier aux jeunes de se former pour un nouvel emploi. Le gouvernement a lancé en décembre 2013 un « pacte de responsabilité et de solidarité » pour inciter les entreprises à embaucher davantage en allégeant leurs charges. On assiste néanmoins à une **précarisation de l'emploi**, avec la multiplication des contrats à durée déterminée (CDD), dont la part dans les nouvelles embauches est passée de 66 % en 2000 à 87 % en 2015 (→ Les jeunes et l'emploi p. 79).

Les bureaux de **Pôle emploi** enregistrent les chômeurs, encaissent les cotisations de l'assurance chômage et versent des allocations aux chômeurs. Ils les aident à trouver un emploi ou un stage.

L'emploi se développe en Ile-de-France, où le secteur tertiaire est important, il se dégrade dans les régions industrielles comme le nord-est, le Centre et le Val de Loire. Le Languedoc-Roussillon et Les Hauts de France ont le taux de chômage le plus élevé, la situation est meilleure en Ile-de-France, en Bretagne et aux Pays de la Loire, en Auvergne et Rhône-Alpes.

Les catégories les plus touchées par le chômage sont les jeunes sans qualification, les femmes seules et les immigrés.

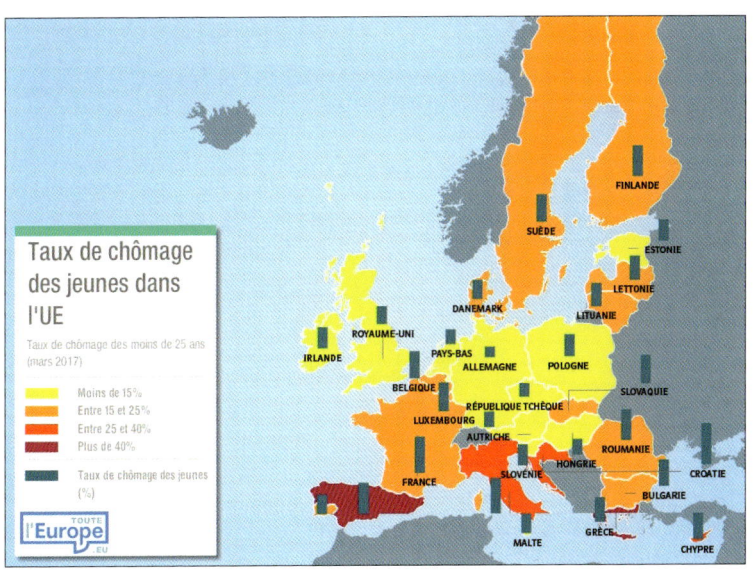

---

alléger entlasten – **une précarisation** Prekarisierung, *etwa:* Auflösung normaler Arbeitsverhältnisse – **le Pôle emploi** Arbeitsagentur, Jobcenter – **une allocation** Unterstützung – **se dégrader** sich verschlechtern.

Ecologie et environnement

En 2004, l'Assemblée nationale a voté l'intégration d'une « charte de l'environnement » à la Constitution. Celle-ci donne à chacun le droit de vivre dans un environnement sain.

> **Extraits de la Charte :**
> Article 1er : Chacun a le droit de vivre dans un environnement équilibré et favorable à la santé.
> Article 2 : Toute personne a le devoir de prendre part à la préservation et à l'amélioration de l'environnement.
> Article 4 : Toute personne doit contribuer à la réparation des dommages qu'elle cause à l'environnement.

La France s'est engagée dans la lutte contre le **réchauffement climatique** et a tenu à Paris en décembre 2015 dans le cadre des Nations Unies une conference sur le changement climatique à la fin de laquelle 175 pays ont signé un accord visant à réduire le réchauffement de la planète.
La France a pris plusieurs mesures en faveur de l'environnement :
- arrêt des subventions à l'exportation de centrales à charbon,
- diminution de la part du diesel dans le parc automobile,
- prime pour l'achat de véhicules « propres »,
- interdiction de distribuer des sacs plastique dans les commerces.

Afin de préserver les côtes de constructions anarchiques, un **conservatoire du littoral** a été créé en 1975, il achète des terrains et contrôle aujourd'hui 1000 kilomètres de rivages.

Des résistances violentes apparaissent autour de projets menaçant l'environnement comme un barrage, une autoroute, un aéroport. Des « zones à défendre » (ZAD) sont occupées par les « zadistes », qui s'opposent parfois violemment aux forces de l'ordre.

---

une charte Charta – **équilibré,e** ausgewogen – **favorable à** günstig für – **la préservation** Erhaltung – **l'amélioration** f. Verbesserung – **un dommage** Schaden – **causer** verursachen – **un réchauffement** Erwärmung – **une mesure** Maßnahme – **en faveur de** zu Gunsten von – **une diminution** Rückgang – **une prime** Prämie – **un littoral** Küstengebiet – **un barrage** Talsperre, Staudamm.

7 La France dans le monde

Mehr dazu
hi48h8

La France dans le monde

Les relations franco-allemandes

De 1871 à la Première Guerre mondiale
Après 1871, une « guerre froide » s'installe entre les deux peuples. **Bismarck**, premier chancelier de l'Empire allemand, essaie d'isoler la France ; celle-ci tente de s'assurer des alliés contre l'Allemagne (→ La IIIe République p. 45). Le seul point de dispute strictement franco-allemand est la question de l'**Alsace-Lorraine** (→ Conséquences de la guerre pour la France, p. 45). Les Allemands ont peur d'une revanche possible, et en France, la « province perdue » provoque une montée de nationalisme : tout bon patriote garde l'œil fixé sur la silhouette, la « ligne bleue », des Vosges.

Les Allemands en Alsace
Dans une première phase l'Alsace, devenue « terre d'Empire », est régie par une dictature militaire. L'occupant allemand commet la maladresse d'en confier l'administration à des fonctionnaires prussiens. 8,5 % des habitants optent pour la nationalité française et doivent émigrer en France. En 40 ans, ils seront 260 000 à quitter leur terre natale, souvent pour l'Algérie.
A partir de 1890, l'Allemagne adopte une attitude plus libérale à l'égard de l'Alsace-Lorraine et lui accorde des lois particulières, puis une Constitution (1911). La Première Guerre mondiale marque le retour à la dictature militaire, 250 000 Alsaciens et Lorrains sont mobilisés dans l'armée impériale. En 1919, le **traité de Versailles** (→ La Première Guerre mondiale p. 45) redonne les « terres d'Empire » à la France.

La Première Guerre mondiale (1914–18) (→ p. 45)

Le traité de Versailles (28-6-1919)
Son but essentiel est de rendre inoffensif le peuple allemand jugé « dominateur, belliqueux et dangereux », et d'empêcher l'Allemagne de redevenir une menace pour la paix. Ce sont les Français, surtout ceux de droite, qui réclament les sanctions les plus dures (« L'Allemagne paiera »).
Ce traité, imposé sans négociations avec l'Allemagne, empoisonne pour de longues années les relations germano-françaises. Les vainqueurs déclarent l'Allemagne coupable du déclenchement de la guerre, et donc responsable des pertes et dommages : les réparations exigées sont très élevées, des villes et des régions

---

s'installer *ici* : einsetzen – **un peuple** Volk – **tenter de** versuchen – **les Vosges** *f.* Vogesen – **régir** verwalten – **un occupant** Besatzer – **commettre** begehen – **une maladresse** Ungeschicklichkeit – **confier** anvertrauen – **prussien,ne** preußisch – **la terre natale** Heimatland – **à l'égard de** hinsichtlich – **inoffensif, -ive** harmlos, ungefährlich – **belliqueux, -euse** *ici* : kriegslustig – **une menace** Bedrohung – **une négociation** Verhandlung – **empoisonner** vergiften – **le déclenchement** Ausbruch – **une perte** Verlust – **les réparations** *f.* Reparationen (Entschädigungen).

sont occupées pour garantir le paiement de la dette de guerre. Cela provoque un retour en force du nationalisme allemand.

D'après les clauses du traité, l'Allemagne doit céder à la France l'**Alsace-Lorraine** (→ Les Allemands en Alsace p. 110) et des colonies africaines (Cameroun et Togo). Sous prétexte d'assurer sa sécurité et pour des raisons économiques, la France occupe la **Rhénanie**, où elle soutient des mouvements séparatistes, ainsi que la **Sarre** dont elle exploite les mines de charbon. Plus de la moitié des réparations financières, payables en 42 ans, est attribuée à la France. En 1923, comme les Allemands paient mal, le gouvernement Poincaré décide l'occupation de la Ruhr. La population s'oppose à l'envahisseur par des émeutes, des attentats, des boycotts. En 1925, après des négociations, les troupes françaises se retirent.

L'occupation de la Rhénanie et de la Sarre prend fin en 1930, après l'acceptation par l'Allemagne du plan Young qui prévoit de nouvelles modalités pour le remboursement de la dette de guerre. Avec l'accord de ses créanciers, l'Allemagne cesse ses paiements dès 1932 (Conférence de Lausanne).

Le traité de Locarno (1925)

Il concerne la Grande-Bretagne, la Belgique, l'Italie, la Pologne, la Tchécoslovaquie, la France et l'Allemagne et concrétise avant tout un premier rapprochement timide entre ces deux derniers pays. Les ministres **Briand** et **Stresemann** obtiennent le Prix Nobel de la paix pour leurs efforts dans le sens d'une réconciliation. Ce traité reflète une volonté de régler par la diplomatie les différends politiques. Pour rassurer les Français, les Allemands s'engagent à respecter les frontières communes définies par le traité de Versailles. En revanche, les Français quittent Cologne ; l'Allemagne obtient un siège permanent à la **Société des Nations** (**SDN**).

En 1935, consultée par référendum, la **Sarre** opte en grande majorité pour le rattachement à l'Allemagne.

Les Accords de Munich (1938)

Pour sauver la paix, la France accepte l'annexion allemande des Sudètes.

La Seconde Guerre mondiale (1939 – 45) (→ p. 47)

L'après-guerre (1945 – 49)

Après l'armistice de 1945, les pays de Rhénanie-Palatinat, Bade du Sud et Wurtemberg-Hohenzollern deviennent **zone française** d'occupation, de nombreuses usines sont démontées. Un statut particulier est imposé à la Sarre (→ Solution du problème de la Sarre p. 113). La France n'est pas seulement une force d'occu-

---

une dette Schuld – **céder à** *ici :* abtreten – **un prétexte** Vorwand – **exploiter** *ici :* abbauen – **un envahisseur** Eindringling – **une émeute** Aufstand – **le remboursement** Rückzahlung – **un créancier** Gläubiger – **cesser** beenden – **timide** *ici :* vorsichtig – **un différend** Meinungsverschiedenheit – **un siège** Sitz – **la Société des Nations** Völkerbund – **le rattachement** Anschluss – **un armistice** Waffenstillstand – **la Rhénanie-Palatinat** Rheinland-Pfalz – **Bade** Baden – **une usine** Fabrik.

pation, elle est aussi responsable de la survie de la population allemande. D'ailleurs il apparaît rapidement que la reconstruction de l'Allemagne va aussi dans le sens des intérêts économiques de la France.

L'attitude des occupants vis-à-vis des Allemands est caractérisée par un certain missionnarisme : on veut transformer les « barbares » en « êtres humains » en remplaçant les idéaux totalitaires nazis par les valeurs de la Révolution. Il en résulte une forte ingérence dans la politique éducative et scolaire ; très tôt, des rencontres sont organisées entre les jeunes des deux pays.

Par souci de sécurité, les Français sont partisans d'une Allemagne morcelée et s'opposent jusqu'en 1948 à l'union des trois zones d'occupation de l'Ouest. La menace soviétique amène la France à changer de point de vue dès 1948 : elle consent à la réunion d'une sorte de Constituante et accepte la participation de la zone française à la réforme monétaire.

De l'antagonisme à la coopération (1949–58)

A partir de 1950, il est difficile de parler uniquement de relations franco-allemandes, elles se passent bientôt dans un cadre européen. La solution du problème germano-français est la base du développement de l'Europe.

Des hommes lucides comme **Robert Schuman** (ministre des Affaires étrangères) et **Jean Monnet** (un des pères de l'idée européenne) sont d'avis que l'on doit sortir du cercle vicieux qui fait qu'à la domination des vainqueurs répondent le nationalisme et le désir de revanche des vaincus. Ils proposent, dans cet esprit, des actions communes basées sur le partage des ressources. Dès 1950, Schuman lance l'idée de placer la production d'acier et de charbon des deux pays sous une autorité supranationale, ouverte aux autres pays d'Europe de l'Ouest. Malgré l'opposition des communistes français et des gaullistes, le traité sur la **Communauté européenne du charbon et de l'acier** (**CECA**) entre en vigueur en 1952 ; Jean Monnet en est le premier président. Ainsi est fait le premier pas important vers une Europe communautaire.

Egalement en 1950 est mis en œuvre par les Français le projet de la **Communauté européenne de défense** (**CED**) qui prévoit l'intégration des futures forces armées allemandes au sein d'une armée européenne. Un traité est signé à Paris (1952), ratifié par le Bundestag (1953) mais repoussé par l'Assemblée nationale (1954) qui se méfie de tendances trop supranationales.

Simultanément, la France signe les **Accords de Bonn** (1952) attribuant à la **RFA** (République fédérale d'Allemagne) les pleins pouvoirs en politique extérieure et intérieure, et réglant le stationnement des forces alliées en Allemagne.

---

la survie Überleben – **une ingérence** Einmischung – **un souci** Sorge – **un partisan** Anhänger – **morceler** zerstückeln – **consentir à** zustimmen – **la Constituante** *ici :* parlamentarischer Rat – **une réforme monétaire** Währungsreform – **un antagonisme** Gegensatz – **lucide** scharfsichtig – **un cercle vicieux** Teufelskreis – **le partage** Aufteilung – **l'acier** *m.* Stahl – **entrer en vigueur** in Kraft treten – **mettre en œuvre** umsetzen – **au sein de** innerhalb von – **repousser** *ici :* ablehnen – **se méfier de** misstrauen.

Le rapprochement devient plus intense avec le projet d'un **Marché commun** et la collaboration dans le domaine nucléaire (→ La France et l'Europe p. 123).

Solution du problème de la Sarre

Sous « protectorat » français après 1945, puis autonomes en union économique avec la France (1950), les Sarrois rejettent par référendum l'européanisation (1955) et sont réintégrés dans la RFA en 1957 (**traité de la Sarre**).

Le couple Adenauer – de Gaulle : la réconciliation (1958–63)

L'arrivée du général au pouvoir est d'abord considérée en RFA avec méfiance à cause de sa politique d'occupation après 1945 et de ses positions plutôt nationalistes qu'européennes. Ne se servirait-il pas d'une Allemagne économiquement forte et politiquement faible pour réaliser son ambition : élever la France au rang de puissance mondiale ? Ses intentions ne concordent en effet pas toujours avec la politique allemande : il est pour la reconnaissance de la frontière Oder-Neisse et pour une politique pragmatique entre la **RFA** et la **RDA** (République démocratique d'Allemagne) ; d'autre part, il exprime le droit à la réunification et défend inflexiblement contre l'URSS le statut de Berlin (les trois alliés occidentaux détiennent l'autorité suprême dans les secteurs ouest de la ville jusqu'en 1990).

Au cours de plusieurs rencontres, Adenauer et de Gaulle arrivent à un consensus : l'**amitié franco-allemande** pourrait être le moteur d'une Europe de l'Ouest forte sur le plan économique et politique. Lors de son voyage triomphal à travers la RFA (4–9 septembre 1962), de Gaulle s'adresse surtout à la jeunesse allemande (Ludwigsburg), qu'il encourage à la solidarité devant les tâches communes. Il invite les jeunes Français et Allemands à se rapprocher davantage, à mieux se connaître et à se lier étroitement.

Le 22 janvier 1963, les deux chefs d'Etat signent à Paris le **Traité entre la République française et la République fédérale d'Allemagne sur la coopération franco-allemande**. Ils sont « convaincus que la réconciliation du peuple allemand et du peuple français… mettant fin à une rivalité séculaire… transforme profondément les relations entre les deux peuples ».

Ce traité d'amitié comporte principalement des déclarations d'intentions :
- en politique étrangère, les gouvernements s'engagent à se consulter avant toute décision portant sur les questions d'intérêt commun ;
- en matière de défense, il prévoit une harmonisation sur le plan stratégique, des échanges de personnel et l'élaboration de projets d'armement communs ;
- dans le domaine de l'éducation et de la jeunesse, il propose des efforts dans l'enseignement de la langue du partenaire, l'adoption d'équivalences pour les diplômes et une coopération dans la recherche scientifique.

---

rejeter zurückweisen – **concorder** übereinstimmen – **la reconnaissance** Anerkennung – **une tâche** Aufgabe – **se rapprocher** sich (an)nähern – **davantage** mehr – **se lier** sich anfreunden – **étroit,e** eng – **une réconciliation** Aussöhnung – **séculaire** jahrhundertelang – **comporter** umfassen – **une élaboration** Ausarbeitung – **l'armement** *m.* Bewaffnung – **l'équivalence** *f.* Gleichwertigkeit.

De plus, il rend possible la fondation (1963) de l'**Office franco-allemand pour la Jeunesse** (**OFAJ**), dont le but essentiel est de rapprocher les jeunes des deux peuples dans l'espoir d'assurer une amitié durable. Son programme, qui vise à la connaissance et à la compréhension de la culture et de la civilisation du voisin, comprend des échanges scolaires et universitaires, des rencontres entre apprentis ou jeunes employés, des manifestations sportives, des jumelages entre villes, des stages et des cours de langues (→ Bilan p. 121). Mais le traité contient avant tout un élément concret : l'instauration d'une consultation régulière qui aboutira à des sortes de Conseils de ministres mixtes bi-annuels sous la présidence du chancelier et du président de la République.

Adenauer et de Gaulle (1963)

Merkel et Hollande (2013)

Le refroidissement (1964–69)

L'harmonie est de courte durée. Le gouvernement du chancelier Ludwig Erhard, successeur d'Adenauer en 1963, s'écarte des conceptions gaulliennes de l'Europe et renforce ses relations avec les Etats-Unis. Les Allemands se montrent hostiles à la **Force de frappe française** (→ Une politique étrangère nouvelle p. 50), désapprouvent le retrait français de l'**OTAN** (→ Le rôle de la France dans le monde p. 129) et l'opposition à l'entrée de la Grande-Bretagne dans le **Marché commun** (→ La France et l'Europe p. 123).

Brandt – Pompidou : des hauts et des bas (1969–74)

L'« Ostpolitik » du chancelier, qui aboutit à des traités avec l'URSS et la Pologne et au traité fondamental entre les deux Allemagnes (1972), est officiellement soutenue par Paris, bien qu'elle suscite la méfiance de la classe politique. Dès le début des années 70, un fort déséquilibre économique s'affirme entre les deux pays en faveur de la RFA (mark fort, franc faible), ce qui fait naître des désaccords au sujet de la politique économique et financière à adopter. De plus la reconnaissance de la RDA par la France (1973) indigne les conservateurs à Bonn.

---

viser à zielen auf – **comprendre** *ici* : bestehen aus, umfassen – **un jumelage** (Städte)Partnerschaft – **une instauration** Einrichtung – **aboutir à** führen zu – **bi-annuel,le** halbjährlich – **s'écarter de** sich entfernen von – **hostile** feindlich – **désapprouver** missbilligen – **un retrait** Rückzug – **l'OTAN** f. Nato – **le traité fondamental** Grundlagenvertrag – **susciter** entstehen lassen – **un déséquilibre** Ungleichgewicht – **en faveur de** zugunsten von – **indigner** verärgern.

La France dans le monde

L'époque Schmidt – Giscard d'Estaing : une vision commune (1974 – 81)

Avec ce tandem de couleurs politiques différentes s'installe à nouveau un rapport exceptionnel entre les deux pays. « L'échange de vues avec le Président français a atteint un degré de franchise tout à fait unique » (Schmidt). En 1975, Giscard d'Estaing décide de supprimer les cérémonies de commémoration du 8 mai, qui rappellent la défaite allemande en 1945. Les deux nations prévoient une politique concertée pour résister à la crise économique mondiale.

En 1978, les deux chefs d'Etat lancent, d'un commun accord, l'idée d'un **système monétaire européen** (**SME**). Le septennat de Giscard s'achève sur un projet culturel visant à améliorer l'enseignement de la langue du voisin et à intensifier les échanges.

Kohl – Mitterrand : l'harmonie parfaite ? (1982 – 95)

Les années 1980 sont marquées, entre autres, par des préoccupations des Français : l'ouverture à l'Est, ainsi que l'importance des mouvements pacifistes allemands, pourraient provoquer un affaiblissement de l'alliance occidentale. De son côté l'Allemagne, qui se trouve dans la zone protectrice de la défense territoriale française, s'inquiète des fusées à courte portée dirigées vers son sol.

Mitterrand et Kohl signent un accord sur la coopération militaire. En matière de relations économiques cependant, le climat n'est pas toujours au beau fixe : la politique commerciale de la RFA défend le libre-échange tandis que la France demande des mesures protectionnistes.

En 1984, à **Verdun** (→ La Première Guerre mondiale p. 45, 110), les deux hommes d'Etat confirment par une poignée de main « la réconciliation par dessus les tombes ». Ils déclarent : « Nous nous sommes compris. Nous sommes devenus amis ». A l'époque de la première **cohabitation** (→ La gauche au pouvoir p. 52), les relations se compliquent du fait que le Président socialiste aussi bien que le Premier ministre conservateur (Chirac) se considèrent responsables des Affaires étrangères de la France.

---

la franchise Offenheit – **une commémoration** Gedenkfeier – **prévoir** vorsehen – **un septennat** 7-jährige Amtszeit – **s'achever** zu Ende gehen – **une préoccupation** Sorge – **un affaiblissement** Schwächung – **une zone protectrice** Schutzzone – **s'inquiéter de** sich Sorgen machen um – **une fusée à courte portée** Kurzstreckenrakete – **être au beau fixe** ungetrübt sein – **une poignée de main** Händedruck – **une tombe** Grab – **du fait que** angesichts der Tatsache, dass.

Le 25ᵉ anniversiare du traité de l'Elysée (22-1-88) fournit l'occasion de renforcer la coopération franco-allemande. Il donne naissance au **Conseil franco-allemand de défense et de sécurité** qui stimule la coopération entre les deux armées et permet la création d'une **Brigade franco-allemande** (1990). En outre, un Conseil franco-allemand a pour rôle le développement de la coordination dans les domaines économique et financier, et un Haut Conseil culturel est destiné à donner une impulsion nouvelle à la coopération en matière d'art et de culture.
En 1989, la chute du mur de Berlin et la réunification sont accueillies favorablement par la majorité des Français. Certains, pourtant, craignent l'éloignement du partenaire vers l'est aux dépens de l'Europe occidentale et expriment leur inquiétude devant une Grande Allemagne trop puissante. Mais pour les optimistes, la France, partenaire privilégié de l'Allemagne, devrait profiter économiquement du marché qui s'ouvre à l'est.
En 1990, Mitterrand est le premier chef d'Etat à annoncer le retrait progressif de ses soldats stationnés en Allemagne. Le premier accord conclu entre la France et l'Allemagne réunifiée concerne une chaîne de télévision culturelle germano-française. A partir de 1992, **Arte** émet depuis Strasbourg.

Jacques Chirac (1995 – 2007) et l'Allemagne

En 1996, Jacques Chirac apporte son soutien à l'Allemagne pour qu'elle devienne membre permanent du Conseil de sécurité des Nations Unies. Mais d'une manière générale, la fin des années 90 est marquée par des divergences d'intérêts entre les deux pays, en particulier sur la construction de l'Europe.
Après le départ d'**Helmut Kohl** (1998), les relations entre le chancelier **Schröder** et le président **Chirac** commencent par s'avérer difficiles. Les deux hommes ont du mal à s'entendre. Cependant, à partir de l'an 2000, la coopération entre les deux nations connaît un nouvel essor. Sur le plan politique, les relations s'intensifient : les bureaux du Bundestag et de l'Assemblée nationale se réunissent une fois par an, et des **sommets franco-allemands** permettent aux dirigeants des deux pays d'accorder régulièrement les grandes lignes de leur politique. Dès 2001, des conseils des ministres communs ont lieu environ tous les deux mois.
La France et l'Allemagne se rapprochent dans leur conception de la politique européenne et étrangère, et il n'est pas rare que le président et le chancelier parlent d'une même voix. C'est le cas, notamment, en 2003, à l'occasion de l'intervention militaire américaine en Irak : les deux dirigeants affirment leur unité contre la politique des Etats-Unis. La même année l'Allemagne charge officiellement la France de voter en son nom au **Conseil européen**, ce qui peut être considéré comme une preuve de confiance absolue.
En 2004, le chancelier est invité aux commémorations des 60 ans du débarquement allié en Normandie. Ce geste du président symbolise l'amitié qui règne à présent entre les ennemis d'autrefois.

---

en outre außerdem – **l'éloignement** *m*. Entfernung – **aux dépens de** auf Kosten von – **une inquiétude** Beunruhigung – **une divergence** Meinungsverschiedenheit – **s'avérer** sich herausstellen als – **un essor** Aufschwung – **charger** beauftragen – **le débarquement** Landung.

Cependant, si une certaine solidarité entre l'Allemagne et la France est une nécessité, elle n'est pas un automatisme. Ainsi, en 2005, le « non » des Français au **Référendum sur une Constitution européenne** freine soudainement l'élan qu'avaient pris les relations franco-allemandes dans les années précédentes.

L'ère « Merkozy » (Merkel à partir de 2005 ; Sarkozy 2007 – 2012)

Bien qu'appartenant au même camp politique conservateur, Angela Merkel et Nicolas Sarkozy n'ont pas de relations très stables. Les données politiques ont changé et les zones d'influence de la France et de l'Allemagne ne sont pas les mêmes. Depuis l'élargissement de l'UE (Union européenne) vers les pays de l'est de l'Europe, l'Allemagne est plus axée sur l'Europe centrale et orientale, tandis que la France s'oriente plutôt vers les pays méditerranéens. De plus, des désaccords se manifestent à divers sujets, comme par exemple la place de l'énergie nucléaire ou l'intervention française en Libye.

A partir de 2008, la crise monétaire qui touche toute l'Europe oblige le couple « Merkozy » à s'entendre pour arriver à des solutions. Les deux partenaires retrouvent leur rôle de **« moteur » de l'Europe** et prennent des initiatives importantes pour sortir de la crise.

Angela Merkel et François Hollande (2012 – 2017)

Lorsque François Hollande est élu président de la République en 2012, les relations germano-françaises se compliquent. Il existe entre le chef d'Etat socialiste et la chancelière conservatrice des différences de vue sur de nombreux sujets. L'Allemagne insiste sur la rigueur pour réduire les dettes de l'Etat, tandis que du côté français, les priorités sont la relance de l'économie et la baisse du chômage. De plus, Merkel aussi bien que Hollande appartiennent à une génération qui n'a pas connu la Seconde Guerre mondiale. Plus tournés vers le présent, ils attachent moins d'importance que leurs prédécesseurs à une entente solide entre la France et l'Allemagne. Cependant, ils ne tardent pas à comprendre la nécessité d'un rapprochement pour faire face aux problèmes politiques européens et internationaux. Ce **« mariage de raison »** entre les deux dirigeants leur permet d'arriver à des compromis quand ils ne sont pas d'accord sur une question. C'est ainsi, par exemple, que peut être évité le « Grexit » (la sortie de la Grèce de la zone Euro), malgré les désaccords profonds entre Hollande et Merkel à ce sujet. Lors de la crise en Ukraine, également, les deux nations s'engagent ensemble dans des négociations pour obtenir un cessez-le-feu et éviter la guerre.

A la suite des **attentats islamistes** qui touchent Paris en janvier (Charlie Hebdo), puis en novembre 2015, l'Allemagne affirme sa solidarité avec la France face à la menace terroriste. Le gouvernement allemand prend des mesures concrètes des-

---

freiner bremsen – **une donnée** Gegebenheit – **un élargissement** Ausdehnung – **axer sur** ausrichten auf – **se manifester** auftreten – **la rigueur** Härte, Strenge – **une relance** Aufschwung; Belebung – **une baisse** Rückgang – **un prédécesseur** Vorgänger – **une entente** Einvernehmen – **tarder** zögern – **un cessez-le-feu** Waffenstillstand.

tinées à soutenir la France dans sa lutte contre Daech, au Mali (envoi de soldats) et en Syrie (envoi d'avions).
Une fois de plus, donc, le couple franco-allemand, conscient de l'importance de sa stabilité, se rapproche. Les médias parlent à présent de « Merkhollande ».

Les rapports économiques

Dans ce domaine, il y a entre les deux plus grands espaces économiques de l'Europe une forte interdépendance. Chacun des deux pays a un intérêt vital à la bonne santé de l'économie du voisin. Les relations économiques entre la France et l'Allemagne sont donc très intenses, malgré les conceptions économiques divergentes. En France, la croissance s'appuie plutôt sur le développement et le dynamisme du **marché intérieur**, alors que l'Allemagne compte avant tout sur sa force à l'**exportation**.

Les échanges commerciaux

Ils ont connu dès les années 1960 une rapide progression, et sont en augmentation constante. Chacune des deux nations a longtemps été le premier partenaire commercial de l'autre. Mais l'importance de la France est en recul ces dernières années. En 2015, pour la première fois depuis plus de 50 ans, la France a été détrônée par les Etats-Unis pour les exportations allemandes. Et elle est même passée au 3e rang derrière la Chine et les Pays-Bas en tant que fournisseur de l'Allemagne. En 2014, la **balance commerciale** est excédentaire en faveur des Allemands (9 % des exportations vers la France et 7,5 % des importations en provenance de ce pays). Les échanges commerciaux, dans un sens comme dans l'autre, concernent surtout le matériel électrique et informatique, l'équipement mécanique (automobiles) et l'aéronautique, mais aussi les produits chimiques, cosmétiques ainsi que l'agroalimentaire.

Les investissements

En comparaison avec les relations commerciales, les investissements bilatéraux ont longtemps souffert d'un certain retard. La France, par peur de voir son économie « colonisée », a parfois eu tendance à mener une politique dirigiste et protectionniste qui n'encourageait pas les participations étrangères dans les firmes françaises. De son côté, l'Allemagne tout en prêchant un système économique libéral, a défendu son marché intérieur à l'aide de multiples normes et règlements. Tandis que l'ouverture de l'Allemagne de l'Est a déclenché dans les années 1990 une montée en flèche des investissements directs français en Allemagne, il n'y a pas eu de changement sensible dans le sens Allemagne → France.

Daech islamischer Staat (IS) – **conscient,e** bewusst – **un espace** Raum – **divergent,e** voneinander abweichend – **une croissance** Wachstum – **être en recul** rückläufig sein – **en tant que** als – **un fournisseur** Lieferant – **excédentaire** überschüssig – **en provenance de** aus – **bilatéral,e** beidseitig – **prêcher** predigen – **déclencher** auslösen – **une montée en flèche** steiler Anstieg.

Aujourd'hui néanmoins, on constate une évolution. Depuis plusieurs années, les investissements à l'étranger sont en progression constante, et les entreprises allemandes et françaises sont de plus en plus présentes dans le pays voisin. En 2014, environ 4000 firmes françaises avaient des succursales en Allemagne. Parmi les plus importantes : **Total**, **Michelin**, **AXA** (assurances), **BNP Paribas** (banque), **L'Oréal** (produits cosmétiques) ou **Alcatel-Lucent** (télécommunications). Un nombre à peu près équivalent de firmes allemandes, notamment dans la haute-technologie, la chimie, l'industrie mécanique, électrique et électronique (dont **BASF**, **Bosch**, **Allianz**, **Siemens** et **Smart**) est implanté sur le sol français. Les petites et moyennes entreprises (PME), elles, se montrent un peu plus hésitantes.

La coopération économique

Dans ce domaine, on observe depuis les années 1980 un progrès très sensible. A l'heure de la **mondialisation**, les enjeux économiques évoluent rapidement, et au-delà des intérêts nationaux qui poussent à la concurrence entre pays, Français et Allemands se voient souvent obligés à agir en tant que partenaires.
C'est avant tout dans des secteurs tels que la haute technologie, l'aéronautique et l'aérospatiale, où la recherche et le développement de projets supposent des capitaux considérables, que des contrats de coopération ou des fusions entre firmes apparaissent nécessaires. Les associations entre banques, elles aussi, sont devenues plus courantes.
Bien qu'en général concurrentes, les grandes entreprises cherchent souvent à améliorer leur compétitivité par des partenariats. On peut citer comme exemples la Mercedes Classe A, équipée d'un moteur Renault ou encore les modèles Smart Forfour et Twingo, développés en commun et fabriqués sur la même ligne de production.
En 2017, Peugeot PSA a acheté la marque Opel à General Motors, devenant ainsi le 2e constructeur automobile européen.
La coopération entre les sociétés de chemin de fer des deux nations (DB et SNCF) joue un rôle déterminant dans le développement du train européen à grande vitesse et dans l'élargissement de son réseau. C'est grâce à cette coopération que d'importantes liaisons entre la France et l'Allemagne sont aujourd'hui en mesure de faire concurrence à l'avion (→ Les transports p. 16).
La France et l'Allemagne sont depuis 1970 les principaux partenaires du groupe **Airbus**. La **coopération militaire** a donné naissance, en 2001, à l'hélicoptère franco-allemand Eurocopter Tigre et le transporteur A 400 devrait être bientôt opérationnel. Plus récemment (2015), les groupes de défense Nexter (France) et KMW (Allemagne) ont fusionné pour créer l'entreprise **KANT** (**K**(MW) **A**nd **N**exter **T**ogether) et ainsi optimiser leurs ventes d'armement.

---

néanmoins nichtsdestoweniger – **une succursale** Filiale – **une assurance** Versicherung – **sensible** spürbar – **la mondialisation** Globalisierung – **un enjeu** Einsatz – **tel,le** solch ein(e) – **supposer** *ici* : vermuten lassen – **la compétitivité** Konkurrenzfähigkeit – **une vente** Verkauf – **l'armement** *m. ici :* Rüstungsgüter.

En ce qui concerne l'aérospatiale, la coopération a permis la mise au point de satellites, ainsi que de la fusée **Ariane**, dont la 6e génération est prévue pour les années 2020 (→ p. 97).

Il existe également de multiples coopérations dans le domaine de la recherche, telles que les systèmes énergétiques solaires, le numérique, l'aéronautique et l'espace.

La volonté des deux nations de se montrer unies et prêtes à coopérer se manifeste aussi par des réalisations artistiques et culturelles communes (la chaîne franco-allemande **Arte**, par exemple).

Le nouvel Airbus A 350

Culture et éducation (jeunes Français, jeunes Allemands)

Depuis sa création en 1963, l'**Office franco-allemand pour la jeunesse (OFAJ)** a permis a des millions de jeunes des deux peuples de découvrir la culture et la civilisation du pays voisin, grâce à des échanges scolaires, des jumelages, des manifestations sportives et culturelles, ou encore des stages de formation à l'étranger. L'objectif des pères du Traité de l'Elysée, qui était de renforcer les liens entre Allemands et Français pour éviter de nouveaux conflits, est désormais atteint : l'amitié entre les deux nations est un fait acquis, la question de la réconciliation ne se pose plus depuis longtemps.

---

l'aérospatiale *m.* Luft- und Raumfahrtindustrie – **une fusée** Rakete – **le numérique** Digitalbereich – **un lien** Verbindung – **désormais** nunmehr – **atteindre** erreichen – **acquérir** erwerben.

La coopération éducative et culturelle s'élargit sans cesse. Il existe des écoles à filières bilingues, et depuis 1994, certains lycées proposent une section binationale débouchant sur un « **Abi-bac** » reconnu dans les deux pays. Au programme de ce double baccalauréat : un enseignement renforcé en français ou en allemand,

et des cours d'histoire-géographie dans la langue étrangère. Depuis 2006, les lycéens allemands et français peuvent apprendre l'histoire dans un **manuel commun** (une coopération des maisons d'édition Klett et Nathan: Histoire / Geschichte: L'Europe et le monde de l'Antiquité à 1815; L'Europe et le monde du congrès de Vienne à 1945; L'Europe et le monde depuis 1945).

L'**université franco-allemande** à Sarrebruck est devenue une réalité en 1999, et en 2000, une **Académie franco-allemande du cinéma** a été créée à Ludwigsbourg.

Il faut pourtant noter que cette normalisation des rapports bilatéraux n'a pas que des conséquences positives. Une certaine routine s'est installée et les relations entre les deux nations ne passionnent plus tellement la jeunesse. Des deux côtés du Rhin, les élèves sont de moins en moins nombreux à souhaiter apprendre la langue du voisin, et l'intérêt pour les échanges et jumelages régresse. L'espagnol, souvent considéré comme plus utile et plus facile à apprendre, est en forte progression. Depuis 2015, les filières bilangues, qui proposaient deux langues étrangères dès l'entrée au collège, sont supprimées en France. De ce fait, il devient plus difficile d'apprendre l'allemand (qui était souvent choisi comme 2e langue étrangère). Conséquence de la baisse du nombre des apprenants : en France, de nombreux lycées suppriment entièrement l'allemand de leur programme. Il y a des tendances analogues du côté allemand.

On remarque aussi la baisse d'intérêt pour la culture du pays voisin à d'autres indices. En 1960, par exemple, 25 % des livres français étaient traduits en allemand, en 2004, ce chiffre est passé à 9 %.

Université franco-allemande
Deutsch-Französische Hochschule

L'Université franco-allemande propose plus de 180 cursus à double diplôme dans plus d'une centaine de villes de part et d'autre du Rhin. Ces cursus offrent un large éventail de disciplines, de la licence au doctorat.

---

sans cesse unaufhörlich – **déboucher sur** führen zu – **régresser** zurückgehen – **de ce fait** auf Grund dieser Tatsache – **un apprenant** Lerner – **un indice** (An-)Zeichen.

Bilan

L'Allemagne et la France, qui ont joué les premiers rôles à chaque nouvelle étape de la construction européenne, sont conscientes de la responsabilité particulière qui leur revient dans la construction de l'Europe. C'est en grande partie grâce aux efforts de coordination politique entre les deux pays (sommets bilatéraux semestriels, par exemple) que la plupart des grands projets ont pu voir le jour. Le projet « Europe » est ce qui soude le plus solidement les deux nations. Au cours des dernières années, la conscience d'une dépendance mutuelle s'est encore renforcée. Cependant, on craint un peu, d'un côté comme de l'autre, les conséquences que pourraient avoir les décisions du partenaire sur le propre pays. Les Français ont peur d'une domination de l'Allemagne au sein de l'Europe, tandis que du côté allemand on redoute que les problèmes économiques de la France puissent peser sur toute la zone Euro, et ainsi sur l'Allemagne.

Toutefois, le couple France-Allemagne n'est plus en mesure, à l'heure actuelle, d'assurer seul le rôle de moteur de l'Europe. D'une part, l'élargissement de l'Union européenne a relativisé le poids politique des deux partenaires. D'autre part, l'état de normalité qui s'est installé entre les ennemis d'autrefois a provoqué une certaine usure entre leurs relations, même si les dirigeants allemands et français ne se lassent pas de souligner la force des liens qu'ils ont établis. Pour les citoyens des deux pays, l'**amitié franco-allemande** est un problème qui ne se pose plus. Neuf habitants sur dix, des deux côtés du Rhin, portent sur le voisin un regard positif, mais cette relation n'a plus de caractère d'exclusivité, surtout parmi les jeunes générations.

Aujourd'hui, il semble que le renforcement des liens entre la France et l'Allemagne passe par la coopération en matière politique, économique et militaire, ainsi que par le développement de programmes communs dans les secteurs de la haute technologie et de la recherche. La culture, l'éducation et la formation professionnelle, elles aussi, bénéficient du désir de cohésion des deux peuples : des programmes de formation continue, d'insertion pour les jeunes sans emploi, de qualifications pour agriculteurs et artisans permettent aux jeunes Français de travailler en Allemagne et vice versa. Il existe également des systèmes de bourses dans les secteurs de l'art et de la culture.

Ces dernières années, les moyens de l'OFAJ ont été augmentés dans le but de renforcer son activité en matière de formation professionnelle.

Le partenariat entre les deux pays est particulièrement fort au niveau des régions frontalières (Lorraine, Alsace, Sarre, Rhénanie-Palatinat, Bade-Wurtemberg), qui travaillent en collaboration plus étroite que le reste du territoire. Ainsi, malgré la mondialisation, les données locales jouent un rôle plus déterminant qu'on pourrait le penser.

---

un sommet Gipfel – **semestriel, le** halbjährlich – **souder** schweißen – **mutuel, le** wechselseitig – **au sein de** innerhalb – **redouter** (be)fürchten – **peser sur** lasten auf – **toutefois** jedoch – **une usure** Abnutzung – **se lasser de faire qc** es müde werden etw. zu tun – **le renforcement** Stärkung – **bénéficier de** profitieren von – **la cohésion** Zusammenhalt – **la formation continue** Weiterbildung, Fortbildung – **une insertion** Eingliederung – **une bourse** *ici :* Stipendium.

La France et l'Europe

(→ Histoire p. 32 ; Les relations franco-allemandes p. 110)

Après 1945, la politique des états d'Europe occidentale est dominée par deux soucis : la reconstruction des pays détruits par la guerre et l'expansion communiste dans les pays de l'Est. C'est ainsi que la France signe en 1948, avec la Grande-Bretagne et les pays du Benelux, un pacte de défense, le **traité de Bruxelles** ; celui-ci aboutit en 1954 à la fondation de l'UEO (Union de l'Europe occidentale) qui inclut deux nouveaux membres, la RFA (République fédérale d'Allemagne) et l'Italie. L'**OECE** (Organisation européenne de coopération économique) est créée en 1948 dans le but de répartir les aides américaines pour la reconstruction de l'Europe (**plan Marshall**). Elle est le précurseur de l'**OCDE** (Organisation de coopération et de développement économique, 1960). Le **Conseil de l'Europe**, organisation intergouvernementale, siège depuis 1948 à Strasbourg. Il représentait à l'origine 10 pays européens. En 2015, 47 nations en font partie.

Dans les années 1950, la France apparaît comme l'artisan de l'Europe économique. La **CECA** (**C**ommunauté **e**uropéenne du **c**harbon et de l'**a**cier, → De l'antagonisme à la coopération p. 112) veut ouvrir la voie à une association étroite entre les pays d'Europe. Dès le début des discussions sur l'Europe, deux courants s'opposent en France : **Jean Monnet** (→ De l'antagonisme à la coopération p. 112), par exemple, est partisan d'une Europe fédéraliste et supranationale, d'Etats-Unis d'Europe, avec un parlement muni de vrais pouvoirs. Pour **Charles de Gaulle** (président de la République de 1958 à 1969 ; → p. 50), en revanche, il ne saurait être question que d'une confédération où chaque pays garderait son identité nationale. Selon lui, les décisions d'importance européenne doivent être prises après consultation mutuelle des chefs d'Etat. En 1957, les **Traités de Rome** donnent naissance à **la CEE** (Communauté économique européenne des six pays de la CECA) et à **EURATOM**, institution pour l'utilisation pacifique de l'énergie nucléaire.

De Gaulle considère l'**Europe des Six** constituée par la France, l'Allemagne (RFA), l'Italie, la Belgique, les Pays-Bas et le Luxembourg comme un premier pas vers une « **Europe des patries** », et rêve d'une Europe plus vaste de l'Atlantique à l'Oural. Cependant, par crainte de voir la France perdre sa place de leader politique en Europe, il s'oppose à deux reprises (1963 et 1967) à l'entrée dans le marché commun de la Grande-Bretagne qu'il juge, par ailleurs, trop liée aux Etats-Unis. En 1965, à la suite de désaccords sur le financement de l'agriculture et sur les modalités de décision au niveau européen, la France pratique une politique de la « chaise vide » dans la CEE et dans la CECA. Après un compromis sur

---

une fondation Gründung – **inclure** einschließen – **répartir** verteilen – **un précurseur** Vorläufer – **siéger** sitzen, tagen – **un artisan** *ici :* Architekt – **une voie** Weg – **un courant** *ici :* Bewegung, Richtung – **fédéraliste** föderalistisch – **munir de** ausstatten mit – **mutuel,le** gegenseitig – **une patrie** Heimat, Vaterland – **vaste** großräumig – **une crainte** Furcht – **à deux reprises** zweimal – **par ailleurs** außerdem – **un désaccord** Meinungsverschiedenheit.

le fonctionnement de la communauté (par « intérêt vital » un Etat peut s'opposer au vote majoritaire), les Français reprennent leur collaboration en 1966. **Georges Pompidou** (→ L'après-gaullisme p. 51) mène une politique européenne plus souple. Lors du référendum de 1972, la France s'exprime en faveur de l'Europe des Neuf : en 1973, la Grande-Bretagne, l'Irlande et le Danemark entrent dans la CEE. **Valéry Giscard d'Estaing** (→ L'après-gaullisme p. 51) a pour but de réaliser le grand marché européen, mais juge irréaliste une union politique de l'Europe. Dans la discussion autour de la première élection du **Parlement européen** (1979), les conservateurs au pouvoir et les communistes s'expriment à nouveau contre l'élargissement des pouvoirs des institutions européennes.

François Mitterrand (→ La gauche au pouvoir p. 52) relance, dès 1981, l'idée européenne ; d'après lui, la France a besoin d'une Europe forte pour conserver sa « grandeur ». Son projet de politique sociale commune, initié en 1981, reste pourtant sans succès. Il relève les défis liés aux nouvelles technologies, et encourage l'extension de la coopération scientifique et industrielle. La France est également le moteur de l'**Acte unique européen** (1986) qui aboutit à un marché unique, le plus grand du monde.

1992 voit l'installation définitive du siège du **Parlement européen** à Strasbourg, et la fondation de l'**Eurocorps**. Celui-ci regroupe 50 000 soldats allemands, français, mais aussi espagnols, belges et luxembourgeois. Il constitue une expérience de coopération militaire plus étroite entre des états membres de l'UEO ; son quartier général est situé à Strasbourg. En 1993 est réalisé le **Grand marché unique européen**. Il vise à faire de

Le Parlement européen à Strasbourg

la Communauté un espace sans frontières, où la circulation des personnes, des marchandises, des capitaux et des services est libre, et où les diplômes sont reconnus mutuellement par les différents pays. Le **Traité de Maastricht** (ratifié par 51% des Français au cours d'un référendum, en 1992), transforme la CEE en **Union Européenne** (**UE**). Il a pour objectifs principaux : la création d'une monnaie unique, l'**euro**, pour les pays qui en remplissent les exigences, l'instauration d'une citoyenneté de l'Union, l'attribution de pouvoirs plus étendus au Parlement européen, et la mise en œuvre d'une politique étrangère et de sécurité commune.

En 1994, l'**Institut monétaire européen**, base de la future **Banque centrale européenne**, entre en fonction à Francfort.

---

un vote majoritaire Mehrheitsbeschluss – **la collaboration** Mitarbeit – **souple** flexibel – **relancer** ankurbeln – **relever un défi** eine Herausforderung annehmen – **l'extension** f. Ausweitung – **le siège** Sitz – **la fondation** Gründung – **une exigence** (An-)Forderung – **étendu,e** umfangreich – **une mise en œuvre** Verwirklichung.

1995 : l'Autriche, la Suède et la Finlande adhèrent, à leur tour, à l'Union. La même année entrent en vigueur les **Accords de Schengen**, qui abolissent les contrôles aux frontières intérieures dans la plupart des états de l'Europe des 15.

En 1996, les élections municipales sont ouvertes aux citoyens de l'UE : ils peuvent voter ou se présenter dans l'état de l'UE où ils résident, même sans en avoir la nationalité.

A partir de 1998, l'**Eurocorps** intervient réellement sur le terrain, en Bosnie-Herzégovine et au Kosovo.

En 2002, une étape décisive dans la construction de l'Europe est franchie : l'**Union monétaire européenne** entre en vigueur, l'Euro devient monnaie commune de 12 pays où il se substitue aux monnaies nationales. Pour garantir sa stabilité, un Pacte de stabilité et de croissance, instauré en 1996, oblige les Etats de la zone Euro à limiter leur déficit public et à gérer leur budget avec discipline.

L'Euro est aujourd'hui la monnaie de 19 des pays de l'UE. Certains des pays membres ne répondent pas aux critères exigés, d'autres, comme la Grande-Bretagne, le Danemark et la Suède, ont préféré conserver leur propre monnaie.

L'année 2004 voit l'adoption d'un premier projet de Constitution européenne. Consultés par référendum, les Français se prononcent en majorité contre ce projet. 2004 est également l'année de l'élargissement de l'UE à 25 pays. Dix nouveaux pays, qui ont rempli les critères politiques et économiques exigés, sont intégrés dans l'Union. Cet élargissement marque l'ouverture de l'Europe unie aux **PECO** (Pays d'Europe centrale et orientale). Lors de la formation de la nouvelle Commission, les commissaires français et allemands ne se voient confier que des fonctions de second plan. Cette décision, qui déçoit beaucoup des deux côtés du Rhin, provient surtout des petites nations membres, dont certaines craignent la domination d'un axe Paris – Berlin trop puissant.

L'UE continue de s'élargir : le nombre de pays membres passe à 27 (2007), puis à 28. L'année 2009 voit la ratification du **Traité de Lisbonne**, par lequel l'UE se dote d'une constitution visant à améliorer et à moderniser son fonctionnement.

A partir de 2010, la **crise de la dette**, qui commence en Grèce avant d'affaiblir toute la zone Euro, plonge l'UE dans une situation difficile. Face au risque de faillites nationales qui compromettraient l'existence de la monnaie commune, Angela Merkel et Nicolas Sarkozy arrivent à surmonter leurs désaccords pour réagir efficacement. Sous leur influence, un plan de sauvetage est décidé par le Conseil européen. Ce plan permet une assistance immédiate sous la forme d'un **Fond européen de stabilité financière** (F.E.S.F.), qui sera relayé en 2013 par le M.E.S. (**Mé-**

---

adhérer beitreten – **entrer en vigueur** in Kraft treten – **abolir** abschaffen – **intervenir** eingreifen – **franchir** überwinden, meistern – **se substituer à** sich an jds Stelle setzen – **le déficit public** Staatsdefizit – **gérer** verwalten – **exiger** fordern – **oriental,e** östlich – **se voir confier** sich übertragen sehen – **décevoir** enttäuschen – **des deux côtés de** auf beiden Seiten von – **puissant,e** stark, mächtig – **la ratification** Ratifizierung, Unterzeichnung – **se doter de qc** sich etwas zulegen – **affaiblir** schwächen – **plonger** *ici :* stürzen – **une faillite** Bankrott, Pleite – **compromettre** gefährden – **surmonter** überwinden – **efficace** wirksam – **le sauvetage** Rettung – **une assistance** Hilfe – **immédiat,e** sofortig – **relayer** ablösen.

canisme européen de stabilité). Lors de cette crise, la chancelière et le président se prononcent en faveur d'un véritable gouvernement de la zone Euro.
En 2012, 25 des 27 Etats de l'UE signent le Pacte budgétaire européen dont l'un des éléments est la « règle d'or », s'engageant ainsi à renforcer leur discipline budgétaire et à limiter leur dette. Toutes les nations concernées ne sont cependant pas du même avis sur la façon de résoudre la crise. François Hollande, par exemple, tient absolument à maintenir la Grèce dans la zone Euro, tandis que pour Angela Merkel, le **« Grexit »** n'est pas exclu. Et d'une manière plus générale, une division s'installe entre les pays du nord de l'Europe et ceux du Sud qui se voient reprocher un certain laxisme économique.
Les problèmes économiques et financiers ne sont pas les seules préoccupations de l'Europe. En 2013, une crise grave éclate entre la Russie et l'Ukraine. La guerre semble inévitable, mais à la suite de négociations difficiles et tendues avec les chefs d'Etat russe et ukrainien, Merkel et Hollande parviennent à obtenir des deux pays qu'ils renoncent officiellement à un conflit armé. Ce « plan de paix », cependant, se montre très fragile.
En 2015, face à l'**afflux de réfugiés** venus de nombreux pays en crise (Moyen-Orient, Afrique, Afghanistan) Merkel insiste sur la nécessité, pour les pays de l'UE, d'agir ensemble et de résister à la tentation de retomber dans des schémas nationalistes. Dans ses propos, François Hollande met lui aussi en avant les principes de solidarité et de responsabilité, et demande à l'Union européenne d'agir selon ces valeurs. Cependant, dans les faits, la France n'accueille que très peu de réfugiés.
En été 2016, les Britanniques, consultés par référendum, se prononcent pour la sortie de l'UE (**Brexit**). Face au danger de voir d'autres pays prendre la même décision, dans une Europe où les tendances nationalistes et séparatistes s'affirment un peu partout, Merkel et Hollande mettent de côté leurs désaccords sur la façon de mener les négociations avec la Grande-Bretagne et arrivent à une prise de position commune. Cependant, la crise du Brexit montre clairement que l'Europe, tout comme les relations franco-allemandes, est aujourd'hui à un tournant décisif de son histoire. La construction européenne n'est pas aussi solide qu'on pourrait le penser et en période de crise, des retours en arrière ou de échecs sont toujours possibles. Le rôle du duo franco-allemand reste décisif pour l'avenir de l'Europe, mais les deux partenaires devront probablement redéfinir leur relation et leur mode de coopération.

---

un laxisme zu große Nachgiebigkeit – **une préoccupation** Sorge – **éclater** ausbrechen – **tendu,e** angespannt – **parvenir à qc** zu etw. gelangen – **armé,e** bewaffnet – **fragile** zerbrechlich – **l'afflux** *m.* Zustrom – **se prononcer pour** sich ausspechen für – **s'affirmer** *ici :* sich abzeichnen – **un désaccord** Meinungsverschiedenheit – **mener des négociations** Verhandlungen führen – **une prise de position** Stellungnahme – **un tournant décisif** ein entscheidender Wendepunkt – **un retour en arrière** *ici :* Rückschritt – **un échec** Scheitern – **redéfinir** neu festlegen – **un mode** Art, Form.

Les principales institutions européennes

Le Conseil européen
Les chefs des différents états de l'Union s'y rencontrent pour décider des grandes orientations de la politique européenne. La présidence est confiée à un pays différent tous les six mois.

Le Conseil de l'Union européenne (Le Conseil des ministres)
Il est chargé de concrétiser les options du Conseil européen, par l'adoption de lois communautaires. Il réunit plusieurs fois par mois les ministres des différents pays de l'UE, en fonction du sujet abordé.

La Commission européenne
Elle a pour rôle de faire des propositions de lois, et de faire appliquer les décisions prises par les ministres des pays membres de l'UE.

Le Parlement européen
Il vote le budget et participe dans certains cas aux prises de décisions. Elu au suffrage universel direct par tous les citoyens de l'UE, il représente 508 millions d'Européens.

La Cour de justice
Elle garantit le respect des lois européennes et tranche les conflits liés au droit de la communauté.

La Banque centrale européenne (BCE)
Créée en 1998, elle a son siège à Francfort. Chargée de définir la politique monétaire de la zone euro, elle est également responsable de la stabilité des prix. C'est elle qui gère les réserves monétaires des pays de l'UE. Elle est indépendante des gouvernements nationaux.

La Banque centrale européenne à Francfort

être chargé,e de beauftragt sein mit – **une option** Wahlmöglichkeit – **une adoption** Annahme, Verabschiedung – **réunir** versammeln – **aborder** *ici :* ansprechen – **trancher** aus dem Weg räumen, klären.

La France dans le monde

Bilan et perspectives

Les Français, dans leur ensemble, reconnaissent les avantages d'une Europe unie. Plus de 60 % d'entre eux y voient un facteur de stabilité et de paix. Au nombre des acquis de l'UE, on peut citer la mise au point d'une politique agricole commune (« l'Europe verte »), des lois sur les quotas de pêche (« l'Europe bleue »), ou encore la coopération étroite des pays membres dans les domaines des transports, de l'industrie et de la recherche. Le principe de la libre circulation des personnes, en vigueur dans tous les pays de l'UE, permet à tout citoyen de se déplacer librement mais aussi de travailler ou d'acquérir une formation professionnelle dans un des autres pays de l'union.

En ce qui concerne l'éducation, un étudiant peut s'inscrire à l'université dans tous les pays de l'union, et les diplômes sont reconnus par tous les états membres. De nombreux programmes permettent aux jeunes de vivre l'Europe comme une réalité concrète : **Comenius**, qui concerne l'enseignement scolaire, a été créé pour favoriser l'apprentissage des langues et développer des notions de citoyenneté européenne. **Erasmus** s'adresse aux étudiants (études et stages à l'étranger), **Leonardo da Vinci** offre aux jeunes en formation professionnelle la possibilité d'une expérience dans un autre pays.

Cependant, tous les Français ne sont pas favorables à l'Europe élargie. Les intérêts politiques et économiques des différents membres leur paraissent trop divergents, et l'influence des « petits pays » leur semble trop importante, le nombre de voix de chaque pays n'étant pas proportionnel au nombre d'habitants. Sur le plan économique, ils sont nombreux à craindre la concurrence de la main d'œuvre bon marché venant des PECO et l'augmentation des délocalisations. Certains voient aussi dans l'Europe unie une menace pour la souveraineté nationale, et ont peur d'être dirigés par les technocrates de Bruxelles, éloignés des réalités de chaque pays. Enfin, ils critiquent l'absence d'une véritable politique sociale et le manque d'efficacité de l'Union en matière politique extérieure commune.

Il est vrai que le véto de certains pays ralentit parfois le processus de décision et oblige souvent à trouver des compromis.

Si l'adoption de l'Euro est synonyme d'**union économique**, l'**union politique**, elle, est loin d'être réalisée. Depuis une dizaine d'années, on constate même, au sein de la population française, un scepticisme croissant vis-à-vis des institutions européennes. Il semble que depuis l'élargissement de l'UE vers l'est, la France a de plus en plus de mal à s'identifier avec celle-ci.

---

un acquis Errungenschaft – **la pêche** Fischfang – **acquérir** erwerben, erlangen – **favoriser** fördern – **l'apprentissage** *m.* Erwerb – **des notions** *f.* Grundkenntnisse – **la citoyenneté** Staatsbürgerschaft – **divergent,e** voneinander abweichend – **une délocalisation** *ici :* Produktionsverlagerung ins Ausland – **éloigné,e de** fern von – **un manque** Mangel – **ralentir** verlangsamen – **au sein de** innerhalb von.

Le rôle de la France dans le monde

Après la Seconde Guerre mondiale et surtout après la perte de son empire colonial (→ La Seconde Guerre mondiale p. 47, 111 ; → La décolonisation p. 49), la France n'est plus qu'une nation d'importance moyenne sur le plan militaire et géo-économique. Néanmoins, son prestige en tant que « patrie de la liberté » est resté intact dans le monde entier jusqu'à nos jours.

Depuis la fondation de l'**ONU** (Organisation des Nations Unies) en 1945, la France est l'un des cinq membres permanents du **Conseil de sécurité**. En 1949, elle fait partie des douze pays de l'OTAN (Organisation du traité de l'Atlantique Nord), dont le siège se trouve à Paris (à partir de 1967 à Bruxelles).

Avec **Charles de Gaulle** (→ La Ve République p. 50) commence une nouvelle époque dans la politique mondiale de la France. Il multiplie les actions destinées à montrer que le pays n'est pas un simple vassal des Etats-Unis. Ainsi il retire les troupes françaises de l'**OTAN**, engage une politique de détente avec le monde socialiste, accorde son appui aux Etats qui tentent de préserver leur indépendance envers les deux grands blocs et met en place, dès 1960, une **force de dissuasion atomique**. La France est prête à prendre sa part de responsabilité aux côtés des alliés, mais entend garder la maîtrise de ses décisions. Ainsi par exemple, elle joue un rôle actif à plusieurs occasions en envoyant ses soldats dans les régions en crise. Pendant le conflit en ex-Yougoslavie (1991–1999), c'est la France qui envoie le contingent le plus important de Casques bleus (forces de maintien de la paix des Nations unies). Elle est également présente en Somalie (1993) et au Rwanda (1994), et s'engage activement aux côtés des forces de l'OTAN au Kosovo (années 1990) et en Bosnie-Herzégovine (opération terminée en 2004). A partir de 2001, la France fait partie de la Force internationale d'assistance et de sécurité (ISAF) en Afghanistan. Elle participe aussi à l'intervention militaire de 2011 en Lybie, et est l'alliée des Etats-Unis dans la guerre contre Daech (« l'Etat islamique »).

La politique africaine après la décolonisation

Malgré les tensions qui ont précédé leur indépendance, les anciennes colonies (17 pays) ont maintenu des liens privilégiés avec la France (L'achèvement de la décolonisation → p. 50). Il est vrai que les équipes dirigeantes ont souvent été mises en place par les Français qui, pour veiller à leurs intérêts, sont parfois allés jusqu'à soutenir des régimes non démocratiques – militairement, s'il le fallait (Zaïre 1978, Tchad 1983). Par ailleurs, il faut reconnaître que la France joue en Afrique un rôle stabilisateur en envoyant des soldats sur place en cas de muti-

---

une perte Verlust – **en tant que** als – **multiplier** steigern – **un vassal** Abhängiger – **retirer** abziehen – **la détente** Entspannung – **l'appui** *m.* Unterstützung – **la dissuasion** Abschreckung – **la maîtrise (de)** Herrschaft (über) – **un casque bleu** *ici :* Blauhelmsoldat – **un maintien** Aufrechterhaltung – **une tension** Spannung – **précéder** vorangehen – **maintenir** aufrechterhalten – **un lien** Verbindung – **veiller à qc** wachen.

nerie ou de crise politique grave (République Centrafricaine 1996, Côte d'Ivoire 2003, Mali à partir de 2013). Elle accorde de plus une aide substantielle au développement. Mais l'ingérence des Français dans la politique africaine est parfois mal acceptée par les pays concernés. Ainsi, en 2004, en Côte d'Ivoire, de violentes émeutes anti-françaises éclatent. Des soldats français sont tués, de nombreux Européens quittent le pays.

La zone franc CFA
Cette institution date de 1945/46 et a survécu à la décolonisation. Elle contribue à la stabilité monétaire de 14 pays d'**Afrique francophone**. Il s'agit surtout d'anciennes colonies françaises telles que le Cameroun, le Sénégal ou le Niger. Le franc CFA (Communauté financière africaine), dont la valeur était autrefois dépendante du franc français, est à présent indexé sur l'euro (1 € = 656 francs CFA), sa parité est garantie par la France. Librement convertible dans toute la zone franc CFA, il facilite les échanges économiques entre les pays membres.

Les sommets africains
Ce sont des conférences annuelles qui réunissent des chefs d'Etat d'Afrique francophone et le président de la République. Ils existent depuis 1973 et ont pour but de fixer les grandes lignes des relations entre les pays concernés.

La Coopération
Lors de la décolonisation, la France met en place une coopération très étroite avec les pays africains francophones. Celle-ci assure, certes, une présence politique et une influence sur les marchés, mais fournit également une assistance directe aux cadres locaux.
Aujourd'hui, la coopération est assurée par un Secrétariat d'Etat chargé du Développement et de la Francophonie, qui dépend du ministère des Affaires étrangères. Il a pour mission d'apporter une assistance technique, financière, culturelle, agricole et sanitaire aux pays en voie de développement (notamment en Afrique francophone) et d'y soutenir l'enseignement du Français.
Traditionnellement, les coopérants étaient souvent de jeunes appelés qui remplaçaient le service militaire par un service civil dans la coopération. Depuis l'abrogation du service national obligatoire, les coopérants sont des volontaires civils (→ Le service militaire p. 70).

---

la mutinerie Aufruhr – **l'ingérence** f. Einmischung – **une émeute** Aufstand – **indexer sur** abstimmen auf, anbinden an – **convertible** umtauschbar – **un sommet** Gipfel – **certes** gewiss, sicher – **un cadre** leitender Angestellter – **en voie de** auf dem Wege zu – **un appelé** Wehrpflichtiger – **l'abrogation** f. Aufhebung.

Les pays francophones

Le rôle de la langue française dans le monde

A partir du 16e siècle, le latin, langue internationale, est peu à peu remplacé par le français qui devient en Europe la langue des diplomates et de la haute société. Il se répand sur les autres continents à la suite des conquêtes coloniales françaises et belges. Le monopole du français comme langue diplomatique prend fin en 1919 avec le traité de Versailles, rédigé aussi en anglais. Aujourd'hui, le français, 2e langue internationale, est toujours une des langues officielles de grands organismes internationaux. Il est, par exemple, avec l'anglais, la seule langue de travail de l'ONU et de l'**UNESCO** (United Nations Educational, Scientific and Cultural Organization), mais aussi du Comité international olympique ou de la **FIFA** (Fédération Internationale de Football Association). L'importance du français dans le monde tient moins au nombre de francophones (environ 270 millions, d'après les dernières estimations officielles) qu'à sa diffusion : on le parle dans plus de 100 Etats ou parties d'Etats sur les cinq continents, surtout en Afrique.

Face à l'influence croissante de l'anglais, la France a mis en place des lois pour protéger sa langue. L'usage du français est ancré dans la Constitution (« La langue de la République est le français ») et depuis 1996, des quotas ont été imposés dans le domaine de l'audiovisuel : les radios, par exemple, doivent diffuser un minimum de 40 % de chansons en français.

Les langues régionales qui existent en France parallèlement à la langue nationale (→ p. 170) n'ont aucun caractère officiel, leur rôle est avant tout culturel.

Europe

Environ 40 % des **Belges** ont le français pour langue maternelle ou sont bilingues. Les **Suisses francophones** (ou Suisses romands) représentent 23 % de la population helvétique.

Amérique

Au **Canada**, le français partage avec l'anglais le statut de langue officielle. C'est la langue maternelle de 23 % de la population. Dans la province de **Québec**, où le français est la seule langue officielle, on compte plus de 80 % de francophones. En **Louisiane** (Etats-Unis), le français jouit depuis 1968 d'un statut officiel.

Un panneau à Montréal

---

se répandre sich ausdehnen – **à la suite de** in Folge von – **une conquête** Eroberung – **tenir à qc** auf etw. zurückzuführen sein – **la diffusion** Verbreitung – **croissant,e** zunehmend, wachsend – **mettre en place** auf den Weg bringen – **ancré,e** verankert – **imposer** festsetzen.

Afrique

Après l'indépendance, les pays du **Maghreb** (Tunisie, Algérie, Maroc) adoptent l'arabe comme **langue officielle** (→ La décolonisation p. 49). Néanmoins, le français reste vivant dans les secteurs économique et scientifique, ou comme **langue d'enseignement**.

Dans 22 Etats d'Afrique noire, le français occupe une place privilégiée en tant que langue officielle, langue d'administration, d'enseignement et de médias. Il permet la communication nationale dans des pays où cohabitent une multitude de dialectes. La langue française représente aussi une possibilité d'accès au développement technique du monde moderne et à la communication internationale, ainsi qu'un moyen de promotion sociale. Pourtant, certains voient dans son utilisation le risque d'une perte d'identité culturelle.

La francophonie – un espace linguistique et culturel

Le monde francophone réunit des pays parfois éloignés sur le plan géographique, idéologique et culturel, mais qui ont en commun l'usage du français, outil d'échanges et de communication. Les pays africains, qui tout en revendiquant leur indépendance nationale politique restent attachés à la culture française, sont avec le Canada à l'origine de ce mouvement, au début des années 1960.
La France se laisse peu à peu gagner par cette idée. On crée, en 1984, un **Haut Conseil de la Francophonie** et, en 1988, un **Ministère de la Francophonie** (transformé par la suite en Secrétariat d'Etat). A l'heure actuelle, on peut constater une influence croissante des pays francophones extra-européens sur la vie culturelle française. Le satellite TV 5, entre autres, contribue à renforcer les liens au sein du monde francophone.
En 1986 a lieu le premier **sommet de la francophonie**. Une des institutions essentielles de la francophonie est l'**OIF** (Organisation internationale de la francophonie). Depuis 1986, les Chefs d'Etat des 54 pays membres, dont la majorité appartient au Tiers-monde, prennent régulièrement part aux Sommets de la francophonie. Ces réunions permettent d'établir des contacts informels, d'intensifier le dialogue Nord-Sud et de jeter les bases d'un espace francophone économique et technologique tout autant que culturel et linguistique.
Depuis 1989, des **Jeux de la Francophonie** rassemblent les pays francophones pour des épreuves sportives et des concours artistiques.

Le français, langue étrangère

Le français est la langue étrangère la plus enseignée après l'anglais. Il est appris par environ 20 millions d'élèves dans le monde. A ces effectifs s'ajoutent les établissements français à l'étranger : près de 200 000 élèves étrangers sont scolarisés dans des écoles françaises, et à peu près 500 000 personnes suivent des cours de français dans les **Centres culturels** et les **Alliances françaises**.

---

cohabiter zusammen leben – **un accès** Zugang – **la promotion sociale** gesellschaftlicher Aufstieg – **un outil** Werkzeug – **revendiquer** fordern – **appartenir à** gehören zu – **rassembler** versammeln – **un effectif** Zahl – **être scolarisé,e** eine Schule besuchen.

La France dans le monde

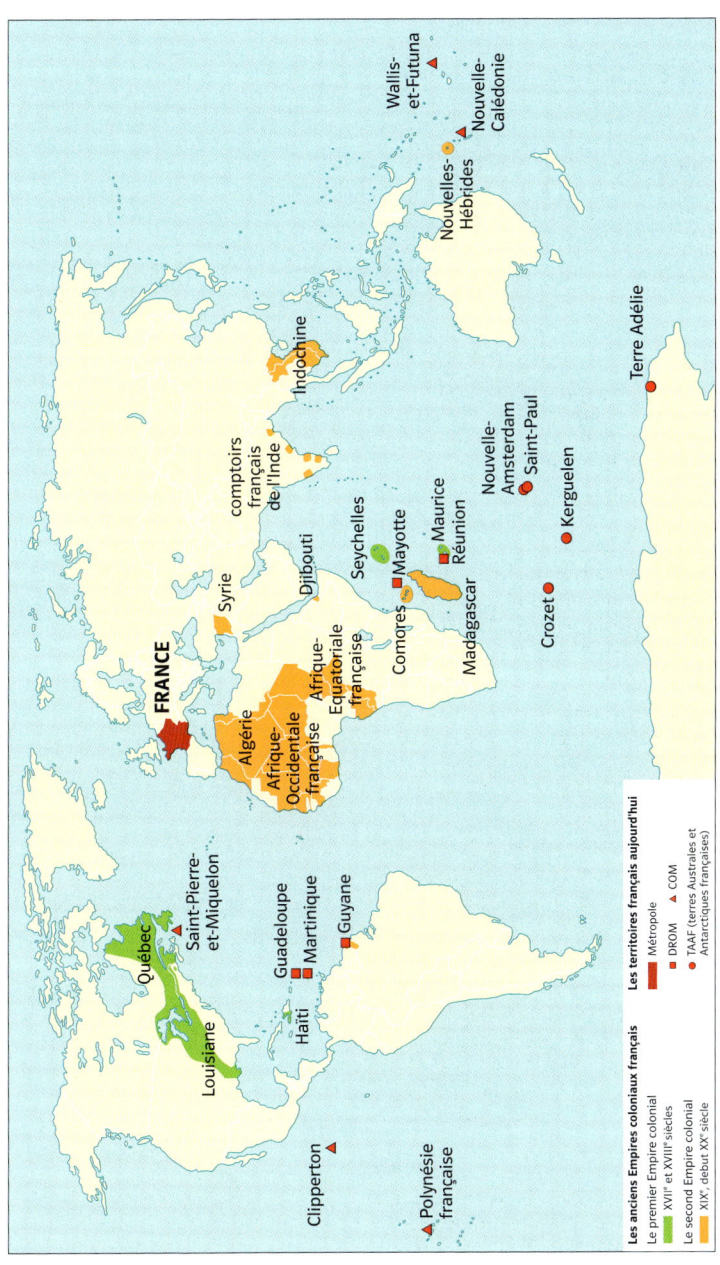

8 Littérature

Mehr dazu
hi48h8

Littérature

Le XVIe siècle

Dans la première moitié du siècle, l'influence italienne amène en France l'**humanisme**. Dans ses Essais, **Montaigne** apparaît comme un moraliste qui désire se connaître : « Je suis moi-même la matière de mon livre ».
En même temps, les auteurs de la *Pléiade* (**Ronsard**, **Du Bellay**) défendent l'originalité de la langue française contre des traductions trop serviles du latin ou du grec. Le modèle antique reste la référence, il va marquer la littérature française jusqu'au classicisme.

Le XVIIe siècle

C'est le siècle classique. L'**Académie française**, créée en 1635, fixe les normes de la langue (→ Les Français et leur langue p. 166). Dans ses écrits, **Descartes** ordonne ses idées grâce à la logique (→ René Descartes p. 163), pendant que **Pascal** réfléchit dans ses *Pensées* sur les sciences et la religion.
Boileau jette les bases de l'esthétique classique : admiration des Anciens ; recherche du naturel ; « de la mesure avant toute chose » ; un style clair et une fine analyse psychologique ; la règle des trois unités : une pièce de théâtre doit avoir une action simple, qui se joue en un seul lieu et pendant une seule journée.
A la cour de Louis XIV, le théâtre triomphe avec les pièces de **Corneille**, dont les personnages sont actifs et guidés par le devoir (*Le Cid*), **Racine**, qui peint la passion fatale dans ses tragédies (*Phèdre*), et les comédies de caractères de **Molière**, dans lesquelles il montre les défauts de la société de son temps (*Le misanthrope*, *Le malade imaginaire*, *L'avare*).
Le théâtre de la **Comédie française**, créé en 1680 et issu, entre autres, de la troupe de Molière, ouvre une longue tradition de théâtre classique en France.

Le XVIIIe siècle

Appelé « **siècle des lumières** », c'est aussi celui des « philosophes », dont **Voltaire, Diderot** et **Rousseau** sont les plus importants (→ Les philosophes du « siècle des lumières » p. 163).

Voltaire   Diderot   Rousseau

---

servile sklavisch (genau) – **le grec** Griechisch – **la référence** Bezug – **ordonner** ordnen – **jeter les bases** f. den Weg ebnen – **l'esthétique classique** f. Ästhetik de Klassik *(Literaturtheorie des 17. Jahrhunderts)* – **l'admiration** f. Bewunderung, Verehrung – **les Anciens** m. *ici* : Schriftsteller der Antike – **la mesure** *ici* : Maßhaltung, Besonnenheit – **le devoir** Pflicht(bewusstsein) – **peindre** *ici* : schildern – **fatal,e** verhängnisvoll – **un défaut** Fehler – **issu,e de** hervorgegangen aus – **le « siècle des lumières »** Zeitalter der Aufklärung.

Le XIXe siècle

Le **romantisme**, importé d'Allemagne, retrouve le Moyen Age religieux, comme **Chateaubriand** dans *Le génie du christianisme*. Il préfère l'imagination et la sensibilité aux froids calculs de la pensée.

Le **théâtre romantique** n'accepte pas les règles, il mélange volontiers les genres (tragédie et comédie), et veut une peinture totale de la réalité. La première représentation d'**Hernani**, pièce de **Victor Hugo** selon la nouvelle esthétique, à la **Comédie française**, provoque une bataille entre les partisans et les adversaires du nouveau théâtre (1830).

Cependant, le genre préféré du siècle est le **roman**. Les grands romanciers décrivent les subtilités de la psychologie amoureuse (par exemple **Stendhal** dans *Le rouge et le noir*), la société corrompue (**Balzac** dans *La comédie humaine*), ou la misère du peuple, comme **Victor Hugo** dans *Les misérables*. En **poésie**, **Lamartine** chante le temps qui passe, **Victor Hugo** les joies et les peines de la vie de l'homme. Dans *Les fleurs du mal* (1857), **Baudelaire** décrit à travers sa propre expérience la tragédie de l'être humain, déchiré entre le *Bien* et le *Mal*.

Le **réalisme** marque le roman de la fin du siècle. L'observation réaliste était déjà présente dans les romans de **Balzac** et de **Stendhal**. C'est **Flaubert** cependant qui, dans *Madame Bovary* (1853), fait de l'observation et de la documentation la base du roman.

Chez Guy de **Maupassant**, le pessimisme est l'expérience fondamentale : « Je souffre de ce qui est, parce que je le connais trop ». Il fait une peinture cruelle de la société, en particulier des petites gens. Ses principaux thèmes sont la mort, la peur et la solitude de l'homme.

Le **naturalisme** : Il est défini par **Emile Zola** comme une science expérimentale appliquée à la littérature. Dans *Les Rougon-Macquart*, une série de 20 romans, Zola peint l'« histoire naturelle et sociale d'une famille sous le Second Empire ». Les personnages principaux de ces romans sont le plus souvent issus des milieux populaires (→ Second Empire p. 44).

Le XXe siècle

Le **surréalisme** : annoncé par **Guillaume Apollinaire** et défini par **André Breton** (*Manifeste du surréalisme*, 1924), le surréalisme donne la priorité à l'instinct, à l'imagination, au rêve, contre toutes les formes d'ordre.

L'**existentialisme** : selon **Jean-Paul Sartre**, l'homme naît libre et il est responsable de ce qu'il fait de son existence (→ Les existentialistes, p. 164). Dans *Huis clos* (1944), les personnages s'aperçoivent que leurs actes continuent à vivre dans

---

la sensibilité Empfindsamkeit – **le calcul** Berechnung – **mélanger** mischen – **volontiers** gern – **une peinture** *ici :* Schilderung – **un partisan** Anhänger – **un adversaire** Gegner – **la subtilité** Feinheit – **corrompre** verderben – **la peine** Mühe – **la misère** Elend, Not – **la peine** Leid – **une expérience** Erfahrung – **déchirer** zerreißen – **l'être humain** menschliches Wesen – **appliquer** anwenden – **s'apercevoir** bemerken.

la conscience des autres, même après leur mort. Dans *Les mains sales* (1948), l'intellectuel est confronté à l'action politique et à la nécessité de « se salir les mains » pour arriver à son but.

Albert Camus part de l'expérience d'un monde absurde, contre lequel l'homme se révolte. Il est comme Sisyphe, qui doit éternellement pousser sa pierre au sommet (*Le mythe de Sisyphe*, 1942). Cette révolte contre l'inhumanité et l'absurdité du monde moderne est le sujet dominant de ses romans (*L'étranger*, *La peste*) et de son théâtre (*Les justes*, *Caligula* ; → Les existentialistes, p. 164).

En dehors des grands mouvements du siècle, de nombreux écrivains ont marqué le XXe siècle :

Romain Rolland défend jusqu'à sa mort en 1944 le pacifisme et l'amitié entre les peuples. Avec *Jean-Christophe*, il crée le « roman-fleuve » (10 volumes). **Paul Claudel**, dans son théâtre, trouve son inspiration dans des thèmes chrétiens et mystiques, tandis qu'**André Gide**, qui ne cache rien de ses sentiments, prône dans ses œuvres la libération de tous les tabous de la société de son temps.

Marcel Proust est un des maîtres du roman du XXe siècle. Il décrit l'aristocratie et le snobisme de la bourgeoisie. Ses personnages cherchent le bonheur et le trouvent dans le souvenir du passé (*A la recherche du temps perdu*). **François Mauriac**, écrivain chrétien, analyse les passions de l'âme et critique la bourgeoisie provinciale (*Thérèse Desqueyroux*, 1927). Les pièces de théâtre de **Jean Giraudoux** s'inspirent, entre autres, de la mythologie grecque (*La guerre de Troie n'aura pas lieu*, 1935). **André Malraux** décrit dans *La condition humaine* (1933) le courage et la solidarité devant la mort. Il étudie aussi les rapports entre l'art et la civilisation (*Les voix du Silence*, 1951). **Antoine de Saint-Exupéry** médite sur son expérience de pilote et sur la solidarité humaine (*Le Petit Prince*, 1943).

Les pièces de théâtre de **Jean Anouilh** mettent en scène des personnages épris de pureté et d'intégrité dans une société corrompue (*Antigone*, 1944).

Le **nouveau roman** : dans la deuxième moitié du siècle, **Michel Butor**, **Alain Robbe-Grillet** et **Nathalie Sarraute** inventent le « nouveau roman ». Ce genre est caractérisé par un déroulement de l'histoire qui n'est ni chronologique ni logique ; ainsi, chaque épisode permet plusieurs interprétations de la réalité. **Claude Simon**, l'un des principaux représentants du nouveau roman, reçoit le Prix Nobel en 1985.

Le **nouveau théâtre** : inspirés par l'angoisse des existentialistes, les auteurs de ce théâtre laissent leurs personnages agir dans un monde absurde ; en général, ceux-ci sont dépeints d'une façon comique et ils n'apparaissent que comme des caricatures. **Samuel Beckett** pratique la désintégration de l'action, du dialogue et des personnages (*En attendant Godot*, 1953).

---

la conscience Bewusstsein – **salir** schmutzig machen – **un but** Ziel – **un sommet** Gipfel – **l'inhumanité** f. Unmenschlichkeit – **en dehors de** abgesehen von – **un roman-fleuve** Romanzyklus (mehrbändiger Roman) – **chrétien,ne** christlich – **tandis que** wohingegen – **prôner** empfehlen – **l'aristocratie** f. Adelsherrschaft – **la bourgeoisie** Bürgertum – **épris,e de** verliebt in – **la pureté** Reinheit – **l'angoisse** f. Angst – **dépeindre** schildern – **la désintégration** vollständige Auflösung.

Eugène Ionesco s'attaque aux dangers de l'automatisation de la parole et des gestes qui menacent l'homme (*Les chaises*, 1952 ; *Rhinocéros*, 1960).

On peut distinguer plusieurs tendances dans la littérature française depuis les années 1950 :

Le **roman autobiographique**, qui a fait la gloire de **Simone de Beauvoir** (*Mémoires d'une jeune fille rangée*, 1958), est toujours d'actualité. **Hervé Bazin** raconte son enfance et ses relations difficiles entre parents et enfants (*Vipère au poing*, 1948). **Robert Sabatier** parle des problèmes de l'enfance et de l'adolescence (*Les allumettes suédoises*, 1969).

L'**analyse psychologique** est un genre où les femmes dominent. **Marguerite Yourcenar**, première femme élue à l'Académie française (1980 ; → l'Académie française, p. 167), fait revivre des personnages historiques (*Mémoires d'Hadrien*, 1951) ou les membres de sa famille (*Archives du Nord*, 1977) dans de grandes fresques. **Marguerite Duras** a connu la célébrité, entre autres, grâce au cinéma, qui a adapté la plupart de ses oeuvres (*Hiroshima mon amour*, 1959 ; *L'amant*, 1984). **Françoise Sagan** est devenue célèbre avec *Bonjour tristesse*, un roman dans lequel elle peint un monde de richesse où les personnages s'ennuient.

Les romans et les nouvelles de **Jean-Marie Le Clézio** traitent des problèmes existentiels de l'homme tels que la solitude, l'errance et les fatalités de la condition humaine (*Le chercheur d'or*, 1985 ; *Etoile errante*, 1992).

Le **réalisme** prend de nouvelles formes. **Georges Perec** construit ses romans comme des puzzles, avec des morceaux de réalité (*La vie mode d'emploi*, 1978).

Le **roman historique** est très populaire en France et se vend bien. **Henri Troyat** s'en est fait une spécialité. L'histoire est souvent mêlée de régionalisme : **Bernard Clavel** pour le Jura, **Marcel Pagnol** pour la Provence, **Henri Queffélec** ou **Pierre-Jakez Hélias** pour la Bretagne.

Michel Tournier s'inspire des vieux mythes (*Le roi des Aulnes*, 1970), et écrit aussi pour les enfants (*Vendredi ou la vie sauvage*, 1977).

D'autres écrivains prennent la réalité quotidienne comme point de départ pour critiquer le monde moderne, tels que, par exemple, **Romain Gary**, seul auteur à avoir obtenu deux fois le prix Goncourt. D'abord en 1956 *(Les racines du ciel)*, puis en 1975, pour *La vie devant soi*, un des nombreux romans très populaires qu'il a publiés sous le pseudonyme d'Emile Ajar. Un jeune garçon raconte les années qu'il a passées chez une ancienne prostituée juive s'occupant d'enfants abandonnés par leurs parents pendant la guerre.

Le **roman d'action** est représenté, entre autres, par **Joseph Kessel**, dont le récit *Le lion* (1958) a été un grand succès.

---

la parole Wort, Sprache – **menacer** bedrohen – **faire la gloire de qn** jdn berühmt machen – **une fresque** *ici :* (Monumental-)Schilderung – **la célébrité** Berühmtheit – **s'ennuyer** sich langweilen – **l'errance** *f. ici :* Heimatlosigkeit – **la fatalité** schicksalhafter Ablauf – **s'inspirer de** sich inspirieren lassen von – **juif, -ive** jüdisch – **abandonner** aufgeben, verlassen – **un roman d'action** Actionroman.

Il ne faut pas oublier le **roman policier** ou « **polar** », avec le créateur du célèbre commissaire Maigret, le Belge **Georges Simenon**, qui fait des études de milieu. **Daniel Pennac** écrit des « polars » d'un genre très particulier. Ce sont des œuvres raffinées et compliquées, où se mélangent l'histoire criminelle et le conte (*Monsieur Malaussène*, 1997).
Dans les « rompols » de **Fred Vargas**, archéologue de métier, l'intrigue policière est teintée d'humour et de poésie. Ses romans ont souvent été adaptés au cinéma (*Pars vite et reviens tard*, 2001).

Auteurs d'aujourd'hui

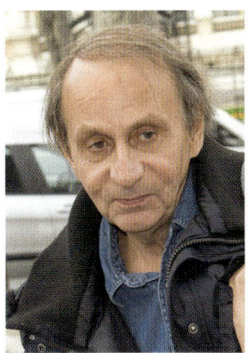

Michel Houellebecq   Eric-Emmanuel Schmitt   Yasmina Reza

Michel Houellebecq est l'un des auteurs les plus controversés de notre temps. Ses livres (par exemple *Les particules élémentaires*), écrits dans une langue sobre, sont des best-sellers dans le monde entier. On peut le considérer comme le représentant d'un nouveau réalisme. Ainsi dans *Soumission* (2015), il décrit un futur proche dans lequel est élu en France un président de la République issu d'un parti musulman.
Un des écrivains français les plus lus au début du 21e siècle est **Eric-Emmanuel Schmitt**. On lui doit des pièces de théâtre, des romans (*Monsieur Ibrahim et les fleurs du Coran*) et des contes philosophiques. Un des principaux thèmes de son œuvre est la tolérance religieuse.
L'œuvre de **Patrick Modiano** est essentiellement centrée sur Paris et l'occupation allemande. Les thèmes de ses romans sont la recherche de l'identité et l'impuissance devant les désordres de la société (*Ronde de nuit*, 1969 ; *Une jeunesse*, 1981).

---

un roman policier Krimi(nalroman) – **un polar** *fam.* Krimi – **des études de milieu** *f.* Milieustudien – **un conte** Erzählung – **un rompol (roman policier)** Krimi – **teinté,e de** *ici :* eingefärbt, durchzogen mit – **controversé,e** umstritten – **sobre** nüchtern – **considérer comme** betrachten als – **devoir qc à qn** jdm etw. verdanken – **l'impuissance** *f.* Machtlosigkeit.

Yasmina Reza est auteure de romans, de scénarios de film, mais surtout de pièces de théâtre (*Le dieu du carnage*, 2007). Dans la pièce *Art* (1994), trois amis se disputent devant un tableau entièrement blanc, en argumentant sur l'art moderne.

Parmi les auteurs régulièrement remarqués par la critique, il faut citer **Frédéric Beigbeder**, dont l'œuvre, en grande partie autobiographique, met l'accent sur la difficulté de donner un sens à l'existence et analyse la solitude de la vie contemporaine (*Un roman français*, 2009). **Anna Gavalda** (née en 1970) met en scène dans ses nouvelles et romans des personnages ou des situations plutôt grotesques, mettant ainsi en relief les faiblesses de l'être humain, mais aussi ses espoirs et ses rêves (*Je voudrais que quelqu'un m'attende quelque part*, 1999). Les romans de **Guillaume Musso** sont pour la plupart des best-sellers. Si ses détracteurs critiquent son style et le décrivent comme un « auteur marketing », ses lecteurs apprécient la qualité des intrigues et trouvent plaisante la lecture de ses livres. (*Et après…*, 2004 ; *Sauve-moi*, 2005). **Marc Levy** a également beaucoup de succès grâce à des comédies mêlant le romantisme et le fantastique (*Et si c'était vrai*, 2000).

Les littératures francophones

On regroupe sous cette dénomination la littérature écrite en langue française hors de France métropolitaine, et les œuvres écrites (en France ou ailleurs) par des écrivains originaires d'autres pays.

Les littératures francophones reflètent l'originalité et la diversité des peuples de la francophonie et se distinguent de la littérature française par les thèmes qu'elles abordent autant que par leur langage qui mêle parfois le français aux langues ou parlers d'origine des écrivains.

Parmi les auteurs qui font la force et la richesse des littératures francophones, on trouve de nombreux écrivains natifs des anciennes colonies et possessions françaises, notamment aux **Antilles**, en **Afrique** noire et au **Maghreb**.

Aimé Césaire, Martiniquais, est poète et homme politique. Opposé au système colonial français, il crée (avec le Sénégalais Léopold Sedar Senghor) le concept de « **Négritude** », qui vise à revaloriser la culture du monde noir. Sa pièce la plus connue, *La tragédie du roi Christophe*, (1963), décrit la lutte du peuple haïtien pour la liberté. **Raphaël Confiant**, un autre Martiniquais, appartient au courant de la « Créolité », qui présente la réalité du monde créole dans sa totalité, loin des clichés touristiques (*Eau de café*, 1991). **Patrick Chamoiseau** décrit avec

---

contemporain,e *ici :* aktuell – **mettre en scène** *ici :* zeigen – **mettre en relief** hervorheben – **une faiblesse** Schwäche – **un,e détracteur, -trice** Gegner(in) – **plaisant,e** angenehm – **une dénomination** Bezeichnung – **hors de** außerhalb von – **être originaire de** kommen aus – **refléter** widerspiegeln – **aborder** ansprechen – **mêler à** mischen mit – **un parler** Mundart – **natif, -ive de** gebürtig aus – **notamment** besonders – **revaloriser** aufwerten – **un courant** Strömung – **créole** kreolisch.

Littérature

humour et tendresse dans un français teinté de créole la situation actuelle des Antilles et la vie des Martiniquais (*Texaco*, 1992 ; Prix Goncourt). **Dany Laferrière**, Haïtien, a été reçu à l'Académie française. Son roman *L'énigme du retour*, (2009), lui a valu le Prix Médicis.

Le plus connu des écrivains francophones d'Afrique noire est **Léopold Sedar Senghor**. De même qu'Aimé Césaire, il est poète et homme politique (Vice-président du Haut-Conseil de la francophonie ; premier président de la République du Sénégal de 1960 à 1979). Il est aussi le premier Africain élu à l'Académie française (1984). Senghor développe et approfondit la notion de « Négritude » et souligne les apports de la « culture nègre » à l'humanité. Ses poèmes se nourrissent de rythmes africains et défendent les valeurs de la culture noire. **Ferdinand Oyono**, diplomate et écrivain camerounais, critique dans ses romans (*Le vieux nègre et la médaille*, 1956) l'administration coloniale et l'Eglise des missionnaires. Aujourd'hui, le concept de la « **Migritude** » (qui mêle émigration et Négritude) se superpose à celui de la Négritude. Il exprime le fait que de nombreux écrivains actuels, tout en restant attachés à leurs racines, ont fait l'expérience de l'immigration. Ainsi **Alain Mabanckou**, franco-congolais, qui allie la fable au conte fantastique (*Mémoires de porc-épic*, 2006 ; Prix Renaudot).

A L'heure de la mondialisation se développe une littérature « afropéenne » qui prend en compte les transformations du monde moderne. La Camerounaise **Léonora Miano** est une représentante de cette tendance nouvelle (*La saison de l'ombre*, 2013 ; Prix Fémina).

Les thèmes prédominants dans la littérature du **Maghreb** sont le colonialisme, le racisme, le traditionalisme de l'Islam, la condition humaine, en particulier la condition de la femme, et les problèmes de l'immigration. Parmi les très nombreux auteurs, il faut citer le Marocain **Driss Chraibi**, romancier (*Le passé simple*, 1954) ou encore **Mohamed Dib**, qui décrit dans une trilogie l'atmosphère de l'Algérie rurale. **Boualem Sansal**, Algérien également, critique vivement la situation politique et sociale de son pays, ainsi que l'Islam. Il est lauréat du prix de la Paix des libraires allemands et *« La fin du monde »* (2015) a obtenu le Grand prix de l'Académie française. **Tahar Ben Jelloun**, auteur vivant en France, donne la parole aux marginaux. Il écrit, dans un style rappelant la tradition des conteurs nord-africains, des livres sur les problèmes des immigrés : racisme, intégration, recherche d'une identité, rôle de la femme (*L'enfant des sables*, 1985 ; *Le racisme expliqué à ma fille*, 1998).

Le Moyen-Orient a aussi ses représentants dans la littérature francophone. **Amin Maalouf**, écrivain d'origine libanaise et membre de l'Académie française, a obtenu en 1993 le Prix Goncourt pour *Le rocher de Tanios*. On retrouve dans ses romans les conflits qui ont marqué sa vie, comme la guerre civile au Liban.

---

la tendresse Zärtlichkeit, Liebe – **un apport à** Beitrag zu – **se superposer à qc** etw. überlagern – **prédominant,e** vorherrschend – **en particulier** besonders – **un lauréat** Preisträger – **le prix de la Paix des libraires allemands** Friedenspreis des deutschen Buchhandels – **un marginal** Außenseiter.

Parmi les auteurs belges, on peut citer **Françoise Mallet-Joris**, qui décrit sans hypocrisie la psychologie féminine (*La maison de papier*, 1970), et **Amélie Nothomb**, dont les nombreux romans, en partie autobiographiques, ont pour thème général le sens de la vie (*Stupeur et tremblements*, 1990 ; *Antéchrista*, 2003).

La Suisse romande est représentée, entre autres, par **Jacques Chessex**, Prix Goncourt (*L'ogre*, 1973) et **Albert Cohen** (*Solal*, 1930) qui observe avec humour le monde diplomatique en donnant des descriptions précises mêlées de poésie (*Belle du seigneur*, 1968).

La Canadienne **Anne Hébert**, auteure de romans, pièces de théâtre et poésies, a obtenu le prix Fémina (*Les fous de Bassan*, 1982). Son compatriote **Michel Tremblay** est surtout connu comme homme de théâtre (*Les belles-sœurs*, 1968). **Monique Proulx**, Canadienne, elle aussi, est romancière et scénariste (*Le sexe des étoiles*, 1987).

Les prix littéraires

Le jury du Goncourt

Parmi les innombrables prix littéraires, le prix **Goncourt** est le plus connu ; il a été créé par l'écrivain naturaliste Edmond de Goncourt, en souvenir de son frère Jules. Il est attribué pour la première fois en 1902. En principe, il est destiné à faire connaître un jeune auteur de texte en prose. D'autres prix : l'**Interallié** (qui va de préférence à un roman de journaliste), le **Fémina** (attribué par un jury de femmes à un roman ou une autre œuvre de fiction) et le **Médicis** (réservé à un roman paru dans les douze mois précédents et apportant un ton ou un style nouveau).

Chaque année, le **Prix Nobel** de littérature est attribué à un grand écrivain ayant rendu de grands services à l'humanité grace à son œuvre littéraire. Il a été décerné à plusieurs reprises à des écrivains français. Après la Seconde guerre mondiale à : André Gide (1947), François Mauriac (1952), Albert Camus (1957), Saint-John Perse (1960), Jean-Paul Sartre (1964), Claude Simon (1985), Jean-Marie Le Clézio (2008) et Patrick Modiano (2014).

---

l'hypocrisie *f.* Heuchelei – **la Suisse romande** französischsprachige Schweiz – **innombrable** unzählig – **attribuer / décerner un prix à qn** jdm einen Preis verleihen – **être destiné,e à** bestimmt sein zu – **à plusieurs reprises** mehrfach.

Littérature

Littérature	Architecture	Peinture	Sculpture	Musique
		Le Moyen Âge		
Les **Chansons de geste** célèbrent les exploits des grands personnages historiques (*La Chanson de Roland*). La **littérature courtoise**: les romans d'aventure et d'amour. Chrétien de Troyes: *Lancelot*; *Perceval*; *Yvain, ou le chevalier au lion*; *Tristan et Iseut*. La poésie de **Villon**: *Le Grand Testament*.	**Art roman** (1000 –150): grandes églises le long des routes de Saint-Jacques de Compostelle en Bourgogne, Provence, Auvergne et dans le Poitou. **Art gothique** (1150 –1500): le temps des cathédrales de plus en plus hautes, aux fenêtres décorées (Chartres, Strasbourg, Reims, Notre Dame de Paris).	**Fresques romanes**: église de Saint-Savin, près de Poitiers. **Fresques gothiques**: miniatures sur les livres (Début du XVᵉ: *Très Riches Heures du Duc de Berry*, par les frères de Limbourg).	**Sculpture romane**: tympans et chapiteaux. **Sculpture gothique**: portails des cathédrales.	Les **troubadours** et **trouvères** chantent l'amour courtois (= Minnesänger).
		Le XVIᵉ siècle		
Rabelais introduit l'esprit de la **Renaissance** dans la littérature (*Pantagruel*). Les auteurs de la **Pléiade** défendent la langue française: Du Bellay, Ronsard. L'homme au centre de la littérature: L'**humanisme** – Montaigne: *Les Essais*.	La **Renaissance** influence italienne, mais avec tradition gothique française (Fontainebleau, Châteaux de la Loire: Blois, Chambord, Chenonceaux, Azay-le-Rideau).	La **Renaissance** découvre la perspective. Clouet crée une école du portrait en France.	**Le corps humain**: nymphes de la *Fontaine des Innocents* (Paris). La décoration intérieure sous l'influence italienne: Le Primatice décore les appartements de Fontainebleau.	**Aux XVᵉ et XVIᵉ siècles**: musique polyphonique, où le chant accompagne la musique d'un instrument.

une chanson de geste Heldenlied, -epos – **un exploit** Heldentat – **courtois,e** höfisch – **le long de** entlang – **un tympan** Tympanon (Schmuckfläche in Giebeldreiecken oder im Bogenfeld von Portalen) – **un chapiteau** Kapitell (oberer Abschluss z. B. einer Säule) – **un portail** Portal – **une nymphe** Nymphe – **un innocent** Unschuldiger – **polyphonique** vielstimmig.

143

Littérature

Le XVIIe siècle

Littérature	Architecture	Peinture	Sculpture	Musique
Le **classicisme** (→ Le XVIIe siècle, p. 135), préparé par Boileau, qui en établit les règles. Le triomphe du théâtre avec: Corneille, Racine, Molière. Création de la **Comédie Française**. La Fontaine, à travers ses *Fables*, critique ses contemporains et en particulier les nobles. Mme de Sévigné peint dans ses lettres la société de son époque.	**Style classique**: symétrie, équilibre, lignes droites, jardins « à la française » (lignes géométriques ; Château de Versailles, La Cour carrée du Louvre).	**Classicisme**: Le Brun dicte les règles à l'Académie des Beaux-Arts: priorité du dessin sur la couleur, thèmes historiques. Le Lorrain: la lumière. Georges de la Tour: le portrait. Poussin: inspiration classique, sujets bibliques ou philosophiques.	**Art plastique** sous l'influence de la Grèce antique. Coysevox fait des bustes de Louis XIV.	**Musique de ballet** pour la Cour du roi. Lully, Couperin, Rameau. Création de l'Opéra-ballet, compromis entre la tragédie, l'opéra italien et le ballet de cour.

un contemporain Zeitgenossen – **un équilibre** Gleichgewicht – **droit,e** *ici* : gerade – **carré,e** quadratisch.

Littérature

Le XVIIIe siècle

Le **siècle des lumières** (→ Le XVIIIe siècle p. 135) Les « philosophes » : Diderot, Voltaire, Montesquieu, Rousseau.	Sous Louis XV : **style rococo** ou **rocaille** : riches ornements de la façade. Sous Louis XVI : **style néo-classique** : harmonie entre architecture et décoration.	Le **sentiment** entre dans la peinture. Watteau : maître des fêtes galantes. Greuze : tableaux de genre. Fragonard : paysages idylliques, femmes coquettes.	Riche décoration sous Louis XV : **style rococo**. Les frères Adam décorent le parc de Versailles. Sous Louis XVI : **style néoclassique** : ornements plus simples et lignes géométriques (→ architecture).	Triomphe de la musique italienne. L'**opéra-comique** mêle le chanté et le parlé. Gluck d'origine allemande, fait une partie de sa carrière à Paris (*Alceste*, 1776).

Le XIXe siècle

Le **romantisme** : création d'une nouvelle théorie du théâtre (→ Le XIXe siècle p. 136). **Théâtre** : Hugo : *Hernani* (1830), *Ruy Blas* (1838) **Lyrisme** : Lamartine, Hugo, A. de Vigny.	Imitation du **style antique** sous Napoléon (Paris, Arc de triomphe) Le **romantisme** met le Moyen-Âge à la mode : **néo-gothique** Nombreuses restaurations (Viollet-le-Duc).	Le **romantisme** (1ère moitié du siècle) : couleur, expression, exotisme ou thèmes historiques ; préparé par Géricault représenté par Delacroix.	Rude allie **tradition classique** et **mouvement romantique**. (La *Marseillaise* sur l'Arc de triomphe de l'Etoile, 1832 – 1835).	Bizet résiste à la mode italienne dans l'opéra (*Carmen*, 1875) ; il adapte des textes littéraires (*L'Arlésienne*, 1872, d'après Daudet).

un ornement Schmuck, Verzierung.

Littérature	Architecture	Peinture	Sculpture	Musique
		Le XIXe siècle		
Prose : Chateaubriand Le **réalisme** (→ Le XIXe siècle p. 136) : réaction contre le romantisme; s'exprime surtout dans le roman : Balzac, Stendhal, Flaubert, Guy de Maupassant. Le **naturalisme** (→ Le XIXe siècle p. 136): Zola. **Poésie** : Le **symbolisme** : préparé par Baudelaire. Verlaine : il réclame une poésie plastique et musicale. Rimbaud : le rêve et l'hallucination sont la base de la poésie. Mallarmé : dans ses poèmes, il essaie de pénétrer le mystère de l'univers.		Le **néo-classicisme** (1ère moitié du siècle): Ingres cherche la clarté et la paix. **Ecole de Barbizon** (milieu et fin du siècle) du nom du village de Barbizon: Millet : vie paysanne. Corot : maître de la couleur, prépare l'**impressionnisme**. **Ecole de Pont-Aven** (à partir de 1886): Gauguin interprète le paysage et le corps, prépare l'art moderne. **Réalisme** (2e moitié du siècle): Daumier: caricaturiste; Courbet : scènes de la vie quotidienne. **Impressionnisme**: importance de la lumière, photographie d'un paysage, impressions du peintre devant la nature: Monet, Pissarro, Renoir, Cézanne, Manet, Degas, Sisley.	Rodin influencé par Michel-Ange: le mariage du geste et de la lumière. (*Le Penseur*, 1880).	Berlioz : auteur de messes, de symphonies et d'opéras-comiques (*La damnation de Faust*, 1828). Gounod : auteur d'opéras (*Roméo et Juliette*) et de musique religieuse, la sensibilité dans la musique.

pénétrer durchdringen – **un plafond** Decke.

Littérature

Les XXᵉ et XXIᵉ siècles

Les grands courants
(→ Le XXᵉ siècle p. 136):
Le **surréalisme**:
Breton, Éluard, Aragon, et, dans une certaine mesure, Prévert.
L'**existentialisme**:
Sartre, Camus, Simone de Beauvoir qui lutte pour l'émancipation de la femme.
Le « **nouveau roman** »:
Butor, Robbe-Grillet, Sarraute, Simon.
Le **nouveau théâtre**:
Ionesco, Beckett.
Grands auteurs du XXᵉ siècle:
Rolland, Claudel, Gide, Proust, Antoine de Saint-Exupéry, Malraux, Anouilh, Mauriac, Giraudoux.

Auteurs d'aujourd'hui (→ p. 139)
Les littératures francophones
(→ p. 140)

Adaptation de l'architecture aux techniques industrielles.
Le fer, l'acier, le béton et le verre (la Tour Eiffel, le Centre Pompidou, l'Arche de la Défense, la Pyramide du Louvre, la Fondation Louis Vuitton).
(→ Architecture, p. 25).

Le fauvisme : le peintre s'exprime avec énergie dans ses tableaux: Matisse, Rouault, Vlaminck.
Néo-impressionnisme (pointillisme): Les couleurs pures ne sont plus mélangées: Seurat, Signac.
Cubisme: Le peintre anlyse le portrait ou le paysage; il préfère les lignes géométriques: Delaunay.
Le Bateau-Lavoir (ateliers d'artistes créés vers 1860 à Paris): Picasso, Braque; Chagall, dont l'inspiration est biblique (*Message biblique*, Nice, 1955), renouvelle l'art de la fresque (plafond de l'Opéra de Paris) et du vitrail (cathédrale de Metz).
Klein; Soulages

Grands génies isolés.
Maillol : spécialiste du corps féminin.
Picasso, Braque, Matisse: peintres, sculpteurs.
César : « Compressions » de matériaux (voitures, plastiques, carton); fonde en 1960 le groupe des **Nouveaux Réalistes**.
Niki de Saint-Phalle.

Debussy applique l'impressionnisme à la musique.
Ravel renouvelle les sonorités de l'orchestre (*Boléro*).
Messiaen forme une école de compositeurs, synthèse entre catholicisme, chant des oiseaux et exotisme (musiques de l'Inde, de Bali, du Japon, d'Amérique latine).

Boulez compositeur et chef d'orchestre, est à la pointe de la recherche musicale (musique sérielle).

La chanson française après 1945
(→ p. 149)

---

le fer Eisen – **l'acier** *m.* Stahl – **le verre** Glas – **un vitrail** Kirchenfenster.

9 La vie culturelle

Mehr dazu
hi48h8

La chanson française après 1945

La tradition
Maurice Chevalier (1888 – 1972) flatte le patriotisme français. Sa silhouette a été popularisée par le cinéma.
Charles Trénet (1913 – 2001) interprète des textes poétiques, ses chansons sont très populaires (*La mer, Douce France* ou *L'âme des poètes*).
Edith Piaf (1915 – 1963), au début chanteuse des rues, connaît une célébrité mondiale. Elle met une voix puissante au service de textes réalistes, qui chantent la fatalité de l'amour, l'espoir et le malheur (*Milord, Je ne regrette rien*).

Les « classiques » : auteurs, compositeurs et interprètes
Georges Brassens (1921 – 1981), anticonformiste, chante l'amour (*Les bancs publics*) et l'amitié (*Les copains d'abord*).
Jacques Brel (belge, 1929 – 1978) a écrit, entre autres, de belles chansons d'amour (*Ne me quitte pas*).
Jean Ferrat (1930 – 2010) interprète des textes d'Aragon (*Que serais-je sans toi*) ou son engagement à gauche (*Potemkine*).
Léo Ferré (1916 – 1993) met en musique, entres autres, des textes de poètes comme Rimbaud, Verlaine, Aragon, Apollinaire.
Serge Gainsbourg (1928 – 1991) chante l'amour et compose de nombreuses musiques de films.
Charles Aznavour (né en 1924), d'origine arménienne (*La Bohème, La mamma*) et **Gilbert Bécaud** (1927 – 2001, *Et maintenant, Nathalie*) sont aussi populaires en Allemagne qu'en France.

L'époque « yé-yé »
Au début des années 60, une nouvelle génération de chanteurs français essaie d'adapter les rythmes anglo-américains à la chanson française (**Johnny Hallyday**, **Eddie Mitchell**). C'est le point de départ du mouvement « yé-yé », avec **Jacques Dutronc**, **Sylvie Vartan**, **Françoise Hardy** ou **France Gall**, par exemple.

Génération 1968
Les « évènements » de mai 1968 (→ L'évolution de la société française aux 20e et 21e siècles p. 72) popularisent des chanteurs aux paroles assez contestataires, comme **Georges Moustaki** (*Le métèque*) et **Maxime Le Forestier** (*Parachutiste*), ou des « provocateurs » tels que **Serge Gainsbourg** et **Jacques Higelin**. La chanson se politise.
Parallèlement à ce mouvement, la chanson dite « de variété » se développe, favorisée par de nombreuses émissions de télévision. C'est une musique populaire, légère, sans grande profondeur (**Mireille Mathieu**, **Nana Mouskouri**, **Michel Sardou**, **Serge Lama**, **Joe Dassin** et d'autres).

---

flatter schmeicheln – **une silhouette** *ici :* Person – **anticonformiste** nonkonformistisch – **contestataire** Protest- – **dit,e** so genannt – **la profondeur** Tiefe, Tiefsinnigkeit.

La vie culturelle

La nouvelle chanson française
Ce courant, né dans les années 70, cherche un style propre en refusant l'influence anglo-saxonne. **Alain Souchon**, **Laurent Voulzy**, **Pierre Bachelet**, **Francis Cabrel**, **Renaud**, **Yves Duteil** ou **Michel Jonasz** en font partie.

Des années 80 à nos jours
La multiplication des « radios libres », l'apparition des vidéo-clips, des baladeurs, des lecteurs de CD et MP3 et de la musique en streaming permettent à de nombreux chanteurs ou groupes de se faire connaître, en particulier auprès des jeunes.

Les années 80 marquent un tournant décisif dans la chanson française, plusieurs artistes empruntent à la culture anglaise ses instruments typiques (guitare électrique, synthétiseur) pour leurs compositions. Cette génération servira de modèle au début du XXIe siècle. Son principal représentant, **Jean-Jacques Goldman**, est une des personnalités françaises les plus populaires (*Je marche seul*). Il est aussi l'auteur de nombreuses chansons pour d'autres interprètes.

On assiste à un renouveau dans les années 90, avec **Patrick Bruel**, **Vanessa Paradis**, actrice et chanteuse, **Patricia Kaas**, **Lara Fabian**, **la Grande Sophie**, **Pascal Obispo**, **Florent Pagny**, **Calogero**, **Zazie**, **Yannick Noah**, tennisman et chanteur. La chanteuse canadienne **Céline Dion** a également beaucoup de succès en France ; elle chante en français et en anglais (*My heart will go on*).

Des groupes qui chantent en français se sont formés : **Noir désir** (*Le vent nous portera*), **Indochine** (*J'ai demandé à la lune*), **Zebda** (*Tombe la chemise*).

Dans les années 2000, « la nouvelle scène française » est une appellation qui désigne de nouveaux talents alliant réalisme, engagement et lyrisme, ils se sont fait connaître d'abord sur scène et intègrent des rythmes anglo-saxons : **Dominique A**, **Benabar**, **Benjamin Biolay**, **Vincent Delerm**, **Raphael** et **Sanseverino**. Parmi les chanteurs qui ont trouvé leur propre style, on peut citer le Belge **Stromae** avec *Alors on danse* (2010) et *Papaoutai* (2013).

Plusieurs chanteurs et chanteuses ont commencé à faire carrière grâce à des rôles dans des comédies musicales : **Patrick Fiori**, **Hélène Ségara** et le Canadien **Garou** dans *Notre Dame de Paris* (1998), **Christophe Mahé** dans *Le Roi Soleil* (2005). L'émission de télévision *The Voice* sur TF 1 a fait connaître Kenji, qui chante Andalouse et Gitano sur des rythmes orientaux.

La France est devenue après les Etats-Unis la seconde patrie du **rap**, avec **MC Solaar**, **IAM**, **Corneille**, **Suprême NTM**.

Apparu au début du 21e siècle, le **slam** est représenté par **Grand corps malade** et **Abd al Malik**.

Avec les nouveaux médias et des émissions de télévision comme *The voice* et *Star Academy*, beaucoup de chanteurs connaissent un succès très rapide, mais la plupart sont aussi vite oubliés : **ZAZ**, **Louane**, **Indila**, **Nolween Leroy**.

---

l'apparition *f. ici :* Aufkommen – **un baladeur** Walkman – **un tournant** Wendepunkt – **emprunter qc à qc** von etw. etw. übernehmen – **une appellation** Bezeichnung – **désigner** bezeichnen – **une comédie musicale** Musical.

Parmi les DJ, il faut citer **David Guetta** qui connaît un immense succès dans le monde entier.

La bande dessinée (BD)

Contrairement aux Allemands, les Français considèrent la BD comme un genre majeur. On l'appelle même « le 9e art », et les très nombreuses publications s'adressent au moins autant aux adultes qu'aux enfants. Ceci dit, il est difficile de parler de BD française, il s'agit en réalité d'un art franco-belge.

Le succès des aventures de *Bécassine*, paysanne naïve créée en 1905 par Joseph Pinchon, montre que la BD est populaire dès ses débuts.

Parmi les grands classiques, il faut citer en premier lieu *Tintin* et son chien *Milou*, inventés en 1929 par le Belge **Hergé**. **Peyo**, l'auteur des *Schtroumpfs*, est également belge. *Lucky Luke*, le cowboy solitaire, est né en 1946 sous la plume de **Morris**, belge lui aussi, avec des textes de **Goscinny**. C'est encore à un autre Belge, **Franquin**, qu'on doit *Gaston Lagaffe*, personnage distrait et maladroit.

Les héros de BD les plus célèbres dans le monde entier sont *Astérix* et *Obélix*. Les scénarios sont de **Goscinny**, les dessins d'**Uderzo**. Les aventures des deux Gaulois paraissent d'abord dans le journal *Pilote* (1959), un magazine de BD destiné aux jeunes mais dont les pages s'ouvrent progressivement à un public plus âgé. Des grands noms de la BD s'y font connaître, notamment **Claire Brétecher** avec *Les Frustrés*, **Reiser** (*La Vie des bêtes*), **Gotlib** (*La Rubrique-à-brac*) ou **Cabu** avec *Le Grand Duduche*.

En 1960, **Cavanna** et **Georges Bernier** fondent *Hara-Kiri*, « le journal bête et méchant ». Très satirique, cet hebdomadaire est interdit à la suite d'un dessin irrespectueux à la mort du général de Gaulle. Il sera remplacé par *Charlie Hebdo* (1970), journal à l'humour destructeur qui prend pour cibles la politique et la religion. En 2015, un attentat islamiste décime l'équipe du magazine, qui avait publié des caricatures de Mahomet. Parmi les victimes : **Cabu**, **Wolinski** et **Chab**.

Si la BD a connu une crise dans les années 1980, elle garde cependant un public fidèle. Certains héros ont même survécu à leurs auteurs, comme *Astérix*, dont les aventures sont maintenant dues à **Didier Conrad** (dessins) et **Jean-Yves Ferri** (scénario).

Aujourd'hui, à côté des grands auteurs issus du journal *Pilote*, comme **Tardi** (connu pour avoir illustré dans un style expressionniste les histoires du détective *Nestor Burma*, de Léo Mallet) et **Bilal**, qui mêle dans ses albums science-fiction, surréalisme et politique (*La Foire aux immortels* ; *Animal'z*), une nouvelle génération a vu le jour. *Le Chat*, du Belge **Philippe Geluck**, est un anti-héros qui donne son avis sur tout et n'importe quoi.

---

considérer betrachten – **majeur,e** wichtig – **ceci dit** abgesehen davon – **un,e paysan(ne)** Bauer, Bäuerin – **distrait,e** zerstreut – **maladroit,e** ungeschickt – **décimer** dezimieren – **Mahomet** Mohammed – **une victime** Opfer – **fidèle** treu – **survivre** überleben – **issu,e de** hervorgegangen aus.

Les BD de **Joanne Sfar** (*Le Chat du rabbin*) sont des sortes de contes philosophiques où l'imaginaire est roi, dans la lignée d'**Hugo Pratt** (*Corto Maltese*). **Manu Larcenet** (*Le Combat ordinaire*) dessine des histoires imprégnées d'absurde et de non-sens, et marie l'humour au drame. **Riad Sattouf**, l'un des plus cotés parmi les auteurs actuels, a aussi publié certaines de ses œuvres (*La Vie secrète des jeunes*) dans *Charlie Hebdo*. Il y emploie le langage des jeunes et l'accent des cités de banlieue.

C'est aujourd'hui un Suisse francophone, **ZEP**, qui a le plus de succès avec son héros *Titeuf*, un petit garçon pas très sage en qui les jeunes voient un témoin de leur génération. Dans l'album *Bienvenue en adolescence*, 2015, Titeuf a grandi. Il est à présent un teenager confronté aux problèmes de l'adolescence.

Parent de la BD, le dessin humoristique est un mode d'expression très apprécié en France. Certains dessinateurs en font leur activité principale, comme **Plantu**, qui s'est rendu célèbre en publiant chaque jour dans le journal *Le Monde* un dessin commentant l'actualité.

La vie culturelle en province

Pendant longtemps, toute la vie culturelle française a été concentrée sur Paris, le reste du pays étant une sorte de désert (→ Le Paris culturel et intellectuel, p. 31). La régionalisation a changé la situation et a mené à une diversification des offres culturelles sur tout le territoire.

Plusieurs orchestres régionaux assurent une vie musicale de haut niveau dans des grands centres comme Bordeaux-Aquitaine, Lyon, Lille, les Pays de Loire, Strasbourg etc.

Le premier jour de l'été, la « **Fête de la Musique** » permet aux amateurs de se faire entendre à tous les coins de rue. Au théâtre, certaines troupes privées ont passé un accord avec la municipalité et l'Etat et fonctionnent dans le cadre d'un

---

imprégné,e de getränkt mit – **marier à** *ici :* verbinden mit – **coté,e** geschätzt, beliebt – **sage** klug, weise – **une diversification** Diversifizierung, Facettenreichtum – **une municipalité** Stadtverwaltung, Gemeinde.

Centre dramatique national (CDN). Le premier d'entre eux, le Centre dramatique de l'Est, a ouvert ses portes à Colmar en 1946. Aujourd'hui, il y en a 35 dans toutes les régions. Cependant, c'est encore dans la capitale que se montent les grandes réalisations théâtrales et pour un comédien, jouer à Paris représente toujours la consécration de sa carrière. Chaque année, pendant la « Cérémonie des Molières », des prix sont attribués aux meilleurs spectacles donnés en France, aux meilleurs comédiens, comédiennes et metteurs en scène.
Les Français qui souhaitent pratiquer le théâtre en amateur peuvent le faire dans une des nombreuses troupes qui existent (dans une **Maison des Jeunes et de la Culture**, par exemple). Par ailleurs, il y a en France un très grand nombre d'associations culturelles locales, qui organisent des ateliers de travaux manuels, des conférences, des cours divers (langues, ordinateur, dessin…) ou des excursions. Elles jouent un peu le rôle des *Volkshochschulen* allemandes, institution presque inconnue des Français.
Mais la principale distraction, en province, est le **cinéma**. Dans les petites villes, les salles qui ne sont pas rentables sont souvent reprises par la mairie ou le département pour pouvoir continuer à fonctionner.

Les festivals

Dans les régions touristiques ont lieu, surtout en été, de très nombreux festivals. On a l'impression que chaque ville, grande ou petite, ayant une curiosité (château, église, site touristique) veut se mettre en valeur en organisant son propre festival. Certains permettent de réunir des artistes prestigieux, comme celui de la Roque d'Anthéron, petit village de Provence, où se rencontrent chaque année les meilleurs pianistes du monde.
Parmi les festivals les plus célèbres, on peut citer : Aix-en-Provence, Montpellier (musique), Orange (opéra), Juan-les-Pins (jazz), Le Printemps de Bourges et les Franco-folies de La Rochelle (chanson francophone), Avignon (théâtre), Arles (danse et photo), Angoulême (bande dessinée), Cognac (film policier), Cannes (cinéma), Deauville (film américain).

Le cinéma

En 1895, **Louis Lumière** montre au Grand Café de Paris les premiers films de l'histoire du cinéma. Au début du XXe siècle, les sociétés **Pathé** et **Gaumont** sont les premières à construire un réseau de production de films et de salles.
Avant la Première Guerre mondiale, la France lance la série des *Fantômas*, type du bandit masqué qui réussit toujours.
L'invention du cinéma sonore aux USA surprend les réalisateurs français, mais **René Clair** et **Jean Renoir** ont assez de talent pour utiliser les nouvelles ressources de cet art.

---

une consécration Krönung – **un metteur en scène** Regisseur – **par ailleurs** außerdem – **une distraction** Abwechslung, Zeitvertreib – **reprendre** übernehmen – **se mettre en valeur** sich in den Vordergrund stellen – **réunir** versammeln – **prestigieux, -euse** namhaft, renommiert – **réussir** Erfolg haben – **sonore** Ton- – **surprendre** überraschen – **un réalisateur** Regisseur.

Pendant la guerre 1939–1945, le cinéma français reste à un haut niveau avec **Marcel Carné** (*Les visiteurs du soir, Les enfants du paradis*), **Henri Clouzot**, maître du suspense policier (*Le corbeau*), **Claude Autant-Lara**, qui adapte des chefs-d'œuvres littéraires (*Le diable au corps, Le rouge et le noir*), et **Robert Bresson**, au style très pur (*Les dames du bois de Boulogne*).

Après la guerre, les cinéastes qui avaient quitté la France occupée rentrent d'exil : **René Clair** continue son œuvre poétique et populaire, **Julien Duvivier** met une technique parfaite au service de thèmes divers (*Anna Karénine*, 1948, *Le petit monde de Don Camillo*, 1952). Simultanément apparaissent de nouveaux talents : **Jean-Pierre Melville**, spécialiste du film policier, ou **Jacques Tati**, qui développe un nouveau style comique dans *Les vacances de Monsieur Hulot*.

A la fin des années 1950 arrive la « **nouvelle vague** », avec quelques cinéastes venus de la critique (*Les cahiers du Cinéma*) : **Claude Chabrol** (*Que la bête meure*), qui fait la satire de la société bourgeoise, **François Truffaut**, qui, entre autres, sait faire jouer les enfants (*L'enfant sauvage, Fahrenheit 451, Le dernier métro*), **Jean-Luc Godard** (*A bout de souffle*), qui aime improviser et provoque volontiers, et **Eric Rohmer** (*Ma nuit chez Maud*), qui se veut moraliste. Les réalisateurs ne se contentent pas de critiquer, ils passent aux actes, c'est-à-dire qu'ils prennent place derrière la caméra. Ils défendent le film d'auteur, avec des budgets réduits, des acteurs souvent débutants, un tournage en plein air plutôt qu'en studio.

Dans les années 1960, **Claude Lelouch** (*Un homme et une femme*) et **Claude Sautet** (*Les choses de la vie*) commencent leur carrière, tandis que les « anciens » continuent chacun dans sa voie.

Après 1970, on peut retenir l'arrivée de **Maurice Pialat**, qui veut peindre la vérité des sentiments et des passions, **Bertrand Tavernier**, qui aime mêler une intrigue policière et une fine psychologie (*L'horloger de Saint-Paul*), et **Jean-Jacques Annaud**, pour qui chaque film doit être un évènement (*La guerre du feu, Le nom de la rose*).

Parmi les principaux films des années 1990, on peut citer des adaptations d'œuvres littéraires (*Cyrano de Bergerac*, 1990, *Germinal* et *Le hussard sur le toit*, les trois avec **Gérard Depardieu**), des films intimistes à la psychologie très fine, ou des réalisations sur des thèmes actuels, comme *La haine* de **Mathieu Kassovitz**, qui évoque la violence dans les banlieues. Les films comiques ont aussi attiré les Français dans les salles obscures : 12 millions de spectateurs pour *Les visiteurs* de **Jean-Marie Poiré** (1993), 9 millions d'entrées pour *Astérix et Obélix contre César*, réalisé en 1999 par **Claude Zidi**. Les « têtes d'affiche » comme **Gérard Depardieu**, **Carole Bouquet**, **Isabelle Adjani**, **Isabelle Huppert** ou **Fabrice Lucchini** sont une garantie de succès.

---

le suspense Spannung – **il se veut** er gibt sich – **se contenter de** sich begnügen mit – **un tournage** Drehen – **en plein air** im Freien – **retenir** *ici :* sich merken – **peindre** *ici :* schildern – **une adaptation** Anpassung – **un film intimiste** sehr persönlicher Film – **une salle obscure** *ici :* Kino – **une tête d'affiche** Hauptdarsteller.

Les années 2000 confirment la bonne santé du cinéma français, avec des succès comme *La fabuleux destin d'Amélie Poulain, les Choristes, Astérix et Obélix : Mission Cléopâtre*. En 2008, *Bienvenue chez les Ch'tis*, avec **Dany Boone** et **Kad Merad**, en 2011, *Intouchables* avec **Omar Sy**, remportent un immense succès ; les deux films enregistrent plus de 20 millions d'entrées chacun. *The Artist*, film muet en noir et blanc de Michel Hazanavicius avec **Jean Dujardin**, a remporté cinq Oscars, mais enregistre seulement 2,2 millions d'entrées en France.

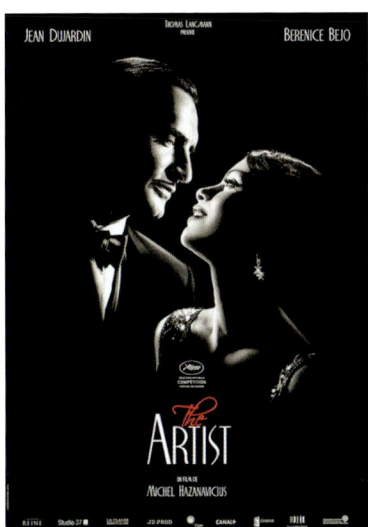
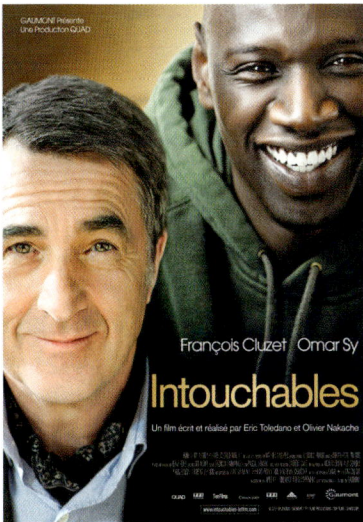

Les budgets deviennent de plus en plus importants, le succès des productions françaises dépend souvent des stars de renom qui y sont réunies. Un grand nombre d'acteurs et d'actrices se disputent les faveurs du public : **Gérard Depardieu, Isabelle Adjani, Isabelle Huppert**, bien sûr, ou encore **Sophie Marceau, Sandrine Bonnaire, Béatrice Dalle, Juliette Binoche, Léa Seydoux, Mélanie Laurent, Charlotte Gainsbourg, Fabrice Lucchini, Luc Besson, Daniel Auteuil, Jean Dujardin, Emmanuelle Béart, Jean Reno** et **Audrey Tautou**, pour n'en citer que quelques-uns.

La **Palme d'or** du **Festival de Cannes** est un prix donné, tous les ans, au film considéré comme le meilleur de l'année dans la production internationale.
Le **César**, quant à lui, récompense chaque année les meilleures réalisations françaises.

---

confirmer bestätigen – **remporter** *ici :* einfahren – **une entrée** *ici :* Eintrittskarte – **muet,te** stumm – **se disputer qc** sich um etw. streiten – **une faveur** Gunst – **récompenser** belohnen.

Les dernières récompenses sont allées à des films qui parlaient de sujets de société : l'homosexualité pour *La vie d'Adèle* et *Les garçons et Guillaume à table*, l'euthanasie (*Amour*, de Michael Hanecke), le terrorisme avec *Timbouktou*, les réfugiés avec *Deephan*, palme d'or de Cannes en 2015, l'immigration avec *Fatima* (César 2016), le chômage avec le film de Ken Loach, *Moi, Daniel Blake*, qui a remporté la palme d'or à Cannes en 2016.

Avec 213 millions d'entrées en 2016, (deux fois plus qu'en Allemagne) la France est le pays d'Europe qui aime le plus le cinéma. Reconnu comme bien culturel, le « septième art » reçoit des aides de l'Etat, il est également financé par une taxe sur les billets vendus, par des chaines de télévision ou des sociétés privées de production. En 2015, on a enregistré la sortie de 234 films français.

Les Médias

Avec **France Info** qui diffuse uniquement l'actualité en direct 24 heures sur 24 à la radio et les **chaînes d'info** en continu à la télévision, l'information est de plus en plus rapide, parfois au détriment de la qualité : pour devancer son concurrent, le journaliste ne prend plus le temps de vérifier une information avant de la diffuser. Une autre grande tendance est l'**interactivité** : les auditeurs sont invités à donner leur avis en direct à la radio, des téléspectateurs soigneusement sélectionnés participent à des débats politiques, on leur demande d'envoyer des vidéos des évènements auxquels ils assistent.

L'intrusion d'**Internet** bouleverse le monde des médias, le journal télévisé de 20 heures n'est plus le passage obligé, on peut télécharger les émissions à tout moment et multiplier les sources d'information.

La presse écrite

Il y a en France trois sortes de presse : les quotidiens parisiens/nationaux, la presse quotidienne régionale et des milliers de titres spécialisés. Depuis 1970, le tirage global est plus fort pour les périodiques que pour les quotidiens, et cette tendance se poursuit.

La **presse parisienne/nationale** est en situation de concurrence. Les titres les plus importants sont à droite *Le Figaro* et *Le Parisien*, au centre gauche *Le Monde*, et à gauche *Libération* et *L'Humanité*. Les sportifs lisent *L'Equipe*, les hommes d'affaires *Les Echos*. *La Croix* est un journal d'inspiration catholique.

---

une récompense Auszeichnung – **une taxe** Steuer – **la sortie** *ici :* Erscheinen, Anlaufen – **diffuser** ausstrahlen – **au détriment de** auf Kosten von – **devancer** übertreffen – **soigneux, -euse** sorgfältig – **l'intrusion** f. Eindringen – **bouleverser** völlig verändern – **un quotidien** Tageszeitung – **un tirage** Auflage – **un périodique** Zeitschrift – **un homme d'affaires** Geschäftsmann.

La vie culturelle

Le Parisien, *Le Figaro* et *Le Monde* sont régulièrement lus par plus d'un million de personnes.
La **presse quotidienne régionale** est presque partout en situation de monopole, elle est la seule à donner des nouvelles locales. Le titre le plus diffusé est *Ouest-France*, suivi de *Sud-Ouest* et de *La Voix du Nord*.
Trois grands **hebdomadaires** sont dans la tradition des magazines d'information du type du *Spiegel* allemand: *L'Express*, né en 1953, *L'Obs*, anciennement *Le Nouvel Observateur*, fondé en 1964 et *Le Point*, créé en 1972. *Paris Match* privilégie les photos et les reportages sur les célébrités. *Closer*, *Voici* et *Gala* divulguent la vie des stars en publiant des photos « volées ». Les femmes lisent, entre autres, *Marie-Claire* et *Elle*.
Le Canard enchaîné est un hebdomadaire satirique indépendant. Le journal satirique *Charlie Hebdo*, qui avait publié des caricatures de Mahomet, a été la cible d'un attentat terroriste meurtrier en janvier 2015, faisant onze victimes dont huit membres de la rédaction (François Hollande → p. 55).
Il y a en France plus de dix **journaux de télévision** dont les plus lus sont *TV Magazine*, *Télé Z*, *TV Hebdo*, *Télé 7 Jours* et *Télé Stars*.
Beaucoup de magazines et de journaux français sont intégrés dans des groupes de presse. Il n'est pas rare de voir de grands industriels acheter ces groupes, ce qui leur permet ensuite d'être omniprésents dans les médias pour y défendre leurs intérêts et leurs opinions.

---

un hebdomadaire Wochenzeitung – **une célébrité** Berühmtheit – **divulguer** verraten, offen legen – **une cible** Zielscheibe – **meurtrier, -ière** mörderisch – **omniprésent,e** allgegenwärtig.

La vie culturelle

Le coût de la distribution, la diminution des aides de l'Etat et la disparition progressive des kiosques et des maisons de la presse mettent la presse écrite en difficulté. En outre, la concurrence de la radio, puis de la télévision, a fait baisser les recettes publicitaires.

La presse gratuite d'information, distribuée dans les rues et dans les stations de bus et de métro des grandes villes, a fait son apparition en 2002, les principaux titres sont *20 Minutes*, *Metronews* et *Direct Matin*.

De plus en plus de lecteurs consultent leur journal sur Internet, le numérique tend à remplacer la version papier. Les grands titres sont à la recherche d'un nouveau modèle économique, avec un abonnement à la version sur Internet. La presse exclusivement numérique a été inaugurée en 2008 par Edwy Plenel, ancien journaliste du *Monde*, créateur de *Mediapart* (110 000 abonnés).

Comparaison France / Allemagne

Il y a plus de trois cents quotidiens en Allemagne et quatre-vingts en France, où l'identité régionale est moins forte.

Un Français sur trois lit régulièrement un quotidien, contre la moitié des Allemands. 90 % des lecteurs allemands sont abonnés, alors qu'en France l'abonnement concerne 55 % des lecteurs. Le portage à domicile est beaucoup plus développé en Allemagne qu'en France.

La radio

Radio et télévision sont sous le contrôle d'une instance nationale, le **Conseil supérieur de l'audiovisuel** (**CSA**). Le CSA garantit la liberté de communication audiovisuelle en France. Il veille, entre autres, à la protection des mineurs, au respect du pluralisme de l'information et il défend la langue et la culture françaises.
Radio France, société nationale, regroupe **France Inter**, **France Culture**, **France Musique** et les stations régionales (**France Bleu**). **Radio France Internationale** (**RFI**) s'adresse aux pays francophones lointains.

Des postes privés dits « périphériques » sont également écoutés en France : **Europe 1**, **Radio Télé Luxembourg** (**RTL**), **Radio Monte Carlo** (**RMC**), qui s'étaient installés à l'étranger en raison du monopole d'Etat. En 1981, la fin du monopole favorise la création de « radios libres ». Elles vivent de la publicité et s'adressent à des publics spécifiques : **NRJ**, **Skyrock** et **Fun Radio**, par exemple, visent un public jeune, tandis que **Nostalgie** est écoutée par les seniors. Avec plus de quatre millions d'auditeurs quotidiens, **RMC** passe en 2016 devant **Europe 1** et même **NRJ** en parts d'audience.

---

la distribution Vertrieb – **la disparition** Verschwinden – **une recette publicitaire** Werbeeinnahme – **le numérique** *ici :* digitale Version – **inaugurer** einführen – **le portage à domicile** Hauszustellung *(z.B. Zeitung)* – **veiller à** aufpassen auf – **le pluralisme** Meinungsvielfalt – **lointain,e** entfernt – **favoriser** fördern – **viser qn / qc** auf jdn / etw. zielen – **une part** Anteil.

Depuis 1996, une loi impose aux radios de programmer un minimum de 40 % de chansons d'expression française. Cette mesure a permis de ramener les variétés françaises devant les variétés internationales en ce qui concerne les productions et la vente.

La télévision

La première émission de télévision est diffusée en 1935, la couleur arrive en 1967. La France a opté pour le système **SECAM**, alors que d'autres pays européens comme l'Allemagne ont préféré le PAL.

La première chaîne, **TF1**, a été privatisée en 1987, elle appartient au groupe Bouygues. Parmi les chaînes nationales gratuites, les plus grandes sont **France 2**, **France 3** (qui offre des programmes régionaux), **France 4**, **France 5**, **France Ô** (pour les territoires d'outre-mer), **M6** (une chaîne généraliste cousine des chaînes allemandes RTL et VOX) et la chaîne culturelle fanco-allemande **Arte**. Les chaines publiques sont financées par une redevance payée par chaque foyer qui possède un téléviseur.

Le téléspectateur peut également s'informer en continu grâce aux **chaînes privées Canal+**, **BFMTV**, **CNEWS** et **LCI**, il peut s'abonner à des chaînes thématiques concernant le sport, le cinéma, l'histoire, la météo, les sciences, la musique ou la chanson.

La télévision numérique terrestre (TNT) a été lancée en mars 2005 et diffuse en haute définition depuis avril 2016. Elle permet actuellement de recevoir une soixantaine de chaînes gratuites, dont 26 nationales, 43 locales et 5 programmes payants. En s'abonnant à un « bouquet » par satellite, un téléspectateur peut recevoir plus de 300 chaînes du monde entier.

Vue partielle du siège de TF1

---

imposer verordnen – **une vente** Verkauf – **opter pour** sich entscheiden für – **passer** *ici :* ausstrahlen – **une redevance** Gebühr – **un foyer** Privathaushalt – **un bouquet** *ici :* Verbund.

10 Religion et philosophie

Mehr dazu
hi48h8

Le catholicisme

Environ 60 % des Français sont de confession catholique, mais seuls 10 % d'entre eux pratiquent régulièrement. Les centres traditionnels du catholicisme sont situés principalement dans l'Ouest et dans le Massif central.

Le catholicisme est la religion d'Etat de la France jusqu'à la Révolution (1789). Dès le Moyen Age, l'Eglise de France affirme une certaine indépendance vis-à-vis de Rome et recherche une identité nationale. Lors de la Révolution, le clergé perd tous ses privilèges et voit ses biens confisqués par l'Etat. Les prêtres doivent jurer fidélité à la nouvelle Constitution. Ceux qui refusent sont persécutés. La Révolution ne proclame pas seulement l'**égalité des religions**, elle tente aussi, sous la **Terreur** ($\rightarrow$ p. 38), d'abolir le christianisme et d'instaurer un culte de la Raison. Une première **séparation de l'Etat et de l'Eglise** a lieu (1795) : l'Eglise n'est plus Eglise d'Etat ; elle perd, entre autres, le monopole de l'enseignement ($\rightarrow$ Conséquences de la Révolution p. 40).

En 1801, Bonaparte conclut un concordat avec le Pape ($\rightarrow$ La politique intérieure p. 41) : l'Etat reconnaît le catholicisme comme la religion de la majorité des Français. Les évêques sont nommés par le premier Consul, mais ils sont institués par le Pape. Ce concordat est toujours en vigueur dans les départements alsaciens et en Moselle où le clergé est nommé et salarié par l'Etat.

Le courant laïque

Le 19e siècle est marqué en Europe par des mouvements anticléricaux hérités de la philosophie des « lumières » ($\rightarrow$ Les philosophes du « siècle des lumières » p. 163) et de la Révolution. En France, le gouvernement de gauche impose en 1905 la **séparation de l'Eglise et de l'Etat** ($\rightarrow$ L'évolution de la société française aux 20e et 21e siècles p. 72) et nationalise une grande partie des biens ecclésiastiques. A côté de l'enseignement public laïque se maintiennent des établissements scolaires religieux ou « libres ». De nos jours le problème de la laïcité se limite surtout à la question scolaire. Plus de 15 % des élèves fréquentent une école privée. Plus de 90 % de celles-ci sont catholiques et la plupart sont subventionnées par l'Etat.

En 1984, quand le gouvernement d'union de la gauche essaie de toucher au statut de l'enseignement privé, des centaines de milliers de manifestants descendent dans la rue et font échouer le projet.

---

le clergé Klerus – **les biens** *m.* Güter – **confisquer** einziehen – **un prêtre** Priester – **jurer** schwören – **la fidélité** Treue – **persécuter** verfolgen – **proclamer** verkünden – **tenter** versuchen – **abolir** abschaffen – **instaurer** einrichten – **un culte** *ici :* Religion – **la Raison** *ici :* Vernunft – **une séparation** Trennung – **conclure** abschließen – **un concordat** Konkordat *(Vertrag zwischen Staat und Vatikan)* – **un évêque** Bischof – **être en vigueur** in Kraft sein – **salarier** bezahlen – **laïque** nicht konfessionell, laizistisch – **anticlérical,e** kirchenfeindlich – **hériter de** erben von – **imposer** verordnen – **ecclésiatique** kirchlich – **se maintenir** sich halten – **un manifestant** Demonstrant – **faire échouer** scheitern lassen.

Depuis 2004, une loi interdit le port de signes religieux visibles à l'intérieur des écoles publiques (voile islamique, croix, kippa). Les personnes qui refusent d'obéir à cette règle doivent se tourner vers l'enseignement libre ou suivre des cours par correspondance.

Le protestantisme

Il y a en France 3% de protestants. Les régions où cette confession est le plus solidement implantée forment un demi-cercle allant du Poitou aux Cévennes et à l'Alsace. Strasbourg est de loin la première ville protestante de France. Après la révocation de l'**Edit de Nantes** (1685 → L'Ancien Régime p. 34 ; → Le revers de la médaille p. 36), un grand nombre de protestants (**huguenots**) partent s'installer à l'étranger, surtout en Prusse. Ceux qui restent en France ne sortent de la clandestinité qu'après la Révolution française (→ Conséquences de la Révolution p. 40). C'est dans les classes moyennes et dans la bourgeoisie que le protestantisme est le plus fortement répandu.

L'Islam

Les chiffres varient beaucoup d'une source à l'autre, mais avec 5 à 6 millions de **musulmans**, dont plus d'un million sont des Français d'origine maghrébine, l'Islam est la **deuxième religion de France**. La communauté musulmane, qui représente environ 8% de la population, est divisée en plusieurs courants dont certains, comme par exemple le **salafisme**, sont très fondamentalistes. Leurs adeptes prônent un Islam pur et dur, on parle alors d'Islamisme. A l'heure où un quart de la population française se déclare sans religion, ce militantisme islamiste est en nette progression.

La grande mosquée de Paris

---

une voile Schleier – **une kippa** Kippa *(jüdische Kopfbedeckung)* – **obéir à** gehorchen – **par correspondance** schriftlich – **un demi-cercle** Halbkreis – **la révocation** Aufhebung – **la Prusse** Preußen – **la clandestinité** *ici :* Untergrund – **répandu,e** verbreitet – **le salafisme** Salafismus *(sehr konservative Stömung des Islams)* – **fondamentaliste** streng gläubig – **un(e) adepte** Anhänger(in) – **prôner** (an)preisen, predigen – **une mosquée** Moschee.

Le judaïsme

Les juifs constituent la plus ancienne minorité religieuse en France. La Révolution leur reconnaît le droit de citoyenneté. Leur communauté, décimée pendant l'occupation allemande, redevient plus importante avec le retour de nombreux « pieds-noirs » israélites après l'indépendance de l'Algérie (→ L'achèvement de la décolonisation p. 50). Les juifs représentent à peu près 1% de la population. La moitié d'entre eux vivent en région parisienne.

La Philosophie française

Les principaux courants de la philosophie française sont représentés par :

René Descartes (1596 – 1650)
La pensée de Descartes est le point de départ de la philosophie moderne. Son *Discours de la méthode* (1637) et ses *Méditations métaphysiques* (1641) renouvellent la philosophie du Moyen Age en y introduisant les méthodes des sciences mathématiques. Descartes base ses réflexions sur un doute systématique ; il ignore l'existence de toute connaissance reçue. Mais dès qu'on doute, on pense, et pour penser, il faut être ; « je pense, donc je suis – cogito ergo sum » : c'est la première certitude fondée.

Les philosophes du « siècle des lumières »
La philosophie de cette époque est marquée par le désir de faire triompher la raison sur la foi et la religion. Son idéal suprême est le bonheur humain. Elle se caractérise par la confiance dans le progrès et par des idées de tolérance, de justice sociale et de liberté, qui ouvrent la voie à l'esprit révolutionnaire (→ Causes principales de la Révolution p. 37).

Montesquieu (1689 – 1755) : il inspire la Constitution de 1791 et est à l'origine de doctrines libérales qui reposent sur la séparation des pouvoirs législatif, exécutif et judiciaire (*De l'esprit des lois*, 1748).

Voltaire (1694 – 1778) : Voltaire, esprit universel, est l'un des philosophes les plus remarquables du « siècle des lumières », l'idole d'une bourgeoisie libérale et anticléricale. Il expose ses idées, entre autres, dans des poèmes, des contes (*Candide*, 1759) et des essais. Il s'engage dans la lutte contre le fanatisme religieux, la violence, l'injustice, et rêve de réformer la société.

---

un juif Jude – **la citoyenneté** Staatsbürgerschaft – **un « pied-noir »** Algerienfranzose – **un courant** Strömung – **ignorer** nicht kennen – **la connaissance reçue** überkommenes Wissen – **une certitude fondée** fundierte Gewissheit – « **le siècle des lumières** » Zeitalter der Aufklärung – **la foi** Glauben – **la justice** Gerechtigkeit – **la séparation des pouvoirs** Gewaltenteilung – **un conte** Erzählung.

Jean-Jacques Rousseau (1712–1778) : sa philosophie s'oppose aux courants progressistes : selon lui, l'homme est bon par nature mais corrompu par la société ; le progrès contribue au malheur de l'humanité. Rousseau souhaite pour l'homme le retour à l'état de nature. Sa thèse selon laquelle la propriété privée est la source de toutes les misères implique une condamnation de tout gouvernement monarchique et aristocratique (*Du contrat social*, 1762). En pédagogie (*Emile*, 1762), il prend position contre les contraintes dans l'éducation et s'exprime pour un épanouissement naturel de l'enfant loin de toute civilisation.

Denis Diderot (1713–1784) : génie multiple, il est considéré par ses contemporains comme « le philosophe par excellence ». Aidé de nombreux collaborateurs il publie entre 1751 et 1772 l'*Encyclopédie ou Dictionnaire raisonné des sciences, des arts et des métiers*, un ouvrage en 35 volumes dans lequel est exposé alphabétiquement l'ensemble des connaissances humaines. Son message contient la négation de l'autorité et de la tradition, et la foi en la toute-puissance de la science.

Les existentialistes

Dans les années de l'après-guerre, une nouvelle philosophie, l'existentialisme, domine la pensée française et s'exprime dans la littérature. Les grands thèmes en sont les rapports entre l'homme et le monde, la vie et la mort, la souffrance et le bonheur. Au centre se trouve l'homme : *L'existentialisme est un humanisme* (Sartre).

Jean-Paul Sartre (1905–1980) : chef de file du courant existentialiste, Sartre développe ses théories dans des traités philosophiques (par exemple *L'être et le néant*, 1943) ainsi que dans des romans et des pièces de théâtre (→ Le XXe siècle p. 136). Son principe de départ est que l'existence de l'homme précède son essence, ce qui signifie que l'être humain n'est pas créé à l'image d'un dieu mais doit se définir lui-même. En l'absence de Dieu, l'homme est seul mais libre ; il doit choisir ses valeurs et décider de son destin : il est donc l'unique responsable de ses actes. La philosophie de Sartre constitue une morale d'action qui conduit l'auteur, comme ses héros, à s'engager personnellement et politiquement.

Albert Camus (1913–1960) : l'œuvre de Camus tourne autour de deux pôles : l'absurde (*Le mythe de Sisyphe*, 1942) et la révolte (*L'homme révolté*, 1951 ; → Le XXe siècle p. 136).

Le sentiment de l'absurde naît de la confrontation entre un monde inexplicable et le besoin de clarté et de sûreté éprouvé par l'homme. L'être humain qui refuse la croyance religieuse se sent étranger dans un monde hostile (*L'étranger*, 1942). C'est dans la révolte contre ce monde chaotique que la vie trouve son sens, ce

---

corrompre verderben – **une contrainte** Zwang – **un épanouissement** *ici :* Selbstverwirklichung – **un contemporain** Zeitgenosse – **un ouvrage** Werk – **la toute-puissance** Allmacht – **le chef de file** Führer, Leitfigur – **un traité** *ici :* Abhandlung – **précéder** vorangehen – **l'essence** f. Wesen – **une valeur** Wert – **un destin** Schicksal – **un acte** Tat, Handlung – **la croyance** Glaube – **hostile** feindselig.

qui amène Camus à développer sa doctrine morale : il faut dire non à l'injustice, respecter la vie humaine ; le bonheur est dans la solidarité, dans la lutte contre le mal (*La peste*, 1947). Selon Camus, seul un humanisme positif peut surmonter l'absurde et le désespoir individuel.

La philosophie moderne

La philosophie, aujourd'hui, a pour objet l'homme en tant qu'individu et être social. Au cours des années 1960 et 1970, les idées philosophiques sont influencées par la psychanalyse (**Jacques Lacan**), le marxisme (**Louis Althusser**) et le structuralisme, dont **Roland Barthes** est avec **Claude Lévi-Strauss** un des principaux représentants. Les « Nouveaux philosophes », héritiers de mai 68, tournent radicalement le dos à Marx après l'avoir adoré, et défendent une idéologie des droits de l'homme : **Bernard-Henri Lévy** s'engage sur le plan international, notamment lors des conflits dans les Balkans et en Ukraine, ainsi que lors de la révolution libyenne. **André Glucksmann** et **Michel Foucault**, associés au même courant, sont eux aussi très engagés politiquement. Ils prennent position sur l'actualité et critiquent les institutions sociales.

Parmi les philosophes actuels les plus populaires, il faut citer entre autres **Alain Finkielkraut**, **Régis Debray**, **Luc Ferry**, **André Comte-Sponville**, **Michel Onfrey** et **Pascal Bruckner**.

Michel Onfrey   Pascal Bruckner   Alain Finkielkraut

---

amener qn à faire qc jdn dazu bringen etw. zu tun – **l'injustice** *f.* Ungerechtigkeit – **surmonter** überwinden – **le désespoir** Hoffnungslosigkeit, Verzweiflung – **un héritier** Erbe – **le dos** Rücken – **adorer** verehren.

11 Les Français et leur langue

Mehr dazu
hi48h8

Des origines à nos jours

Après la conquête romaine, on parle en Gaule de nombreux dialectes dérivés du latin populaire. Au Moyen Age, on distingue deux grandes catégories selon la façon de dire « oui » : langue d'« oïl », au nord de la Loire (influences germaniques), et langue d'« oc », au sud. Le « francien », parlé en Ile-de-France, s'étend en même temps que le pouvoir royal, s'impose comme langue nationale et devient le français. Depuis 1539 (*Ordonnance de Villers-Cotterêts*), les actes administratifs sont rédigés en français.

A la fin de l'**Ancien Régime** (→ p. 34), près de la moitié de la population parle encore des dialectes locaux. La Révolution, dans un souci d'égalité mais aussi de centralisation, tente d'imposer le français sur tout le territoire. Son emploi se généralise avec l'école obligatoire, où le français est seule langue d'enseignement (→ La IIIe République p. 45).

La défense de la langue française

En France, où la langue est en même temps symbole et instrument de l'unité nationale, la réglementation linguistique est toujours une affaire d'Etat. Au début du 17e siècle, des théoriciens (par exemple Malherbe) s'efforcent de définir les normes du français en se basant sur les habitudes (« l'usage ») de la langue courante. Ils préparent ainsi le chemin aux auteurs classiques dont la langue est considérée comme le « bon usage » (→ Le XVIe siècle p. 135).

L'Académie française

Cette institution fondée en 1635 par **Richelieu** a, entre autres, pour mission de fixer le français à l'aide d'une grammaire et d'un dictionnaire officiels pour en faire un instrument de culture et d'administration à l'échelle de la nation, et de guider les écrivains à « bien écrire ». Son premier dictionnaire voit le jour en 1694 ; actuellement les Académiciens en sont à la 9e édition. L'Académie se compose de 40 membres ou « immortels » (première femme en 1980). Si l'élection à cette assemblée constitue une immense distinction, les résultats concrets de son travail pour la langue sont, en fin de compte, plutôt modestes.

---

l'origine f. Ursprung – **une conquête** Eroberung – **romain,e** römisch – **la Gaule** Gallien – **dériver de** ableiten von – **le latin populaire** Vulgärlatein *(das gesprochene Latein)* – **s'étendre** sich ausdehnen – **s'imposer** sich durchsetzen – **une ordonnance** Erlass – **rédiger** verfassen – **le souci** *ici :* Bemühen – **tenter de** versuchen – **un emploi** Gebrauch – **l'enseignement** m. Unterricht – **linguistique** sprachlich – **s'efforcer de** sich bemühen – **à l'échelle de** *ici :* angemessen – **immortel,le** unsterblich – **une distinction** *ici :* Auszeichnung – **en fin de compte** letzten Endes – **modeste** bescheiden.

Beaucoup de Français considèrent leur langue comme une œuvre d'art sacrée. C'est pourquoi, depuis trois siècles, chaque tentative de réforme inspirée par l'évolution naturelle de la langue parlée soulève de vives protestations. L'orthographe surtout est l'objet d'un véritable culte, comme en témoigne le championnat annuel d'orthographe retransmis par les télévisions francophones : plus de 100 000 candidats à travers le monde y mettent leurs connaissances à l'épreuve. Depuis 1968, plusieurs projets se sont succédé pour tenter de réformer l'orthographe, « synonyme d'élitisme culturel ». En 1976, le ministre de l'Education fait publier officiellement des « Tolérances grammaticales ou orthographiques » (on admet par exemple : *une demie heure* ; *un évènement*). Cependant la majorité des Français n'en tiennent aucun compte. La dernière **Rectification de l'orthographe** concernant moins de 1% du vocabulaire a été proposée par le Conseil supérieur de la langue française en 1990. Mais devant les protestations des conservateurs, elle est restée à l'état de « recommandation ». On peut ainsi indifféremment utiliser l'orthographe traditionnelle (T) ou réformée (R). Exemples :

1. T : cinq cent mille quatre cent vingt et un ;
   R : cinq-cent-mille-quatre-cent-vingt-et-un.
   → On peut lier par des traits d'union les chiffres composant un nombre complexe.
2. T : un tire-bouchon, des tire-boucho**n** ;
   R : un tire-bouchon, des tire-bouchon**s**.
   → Les noms composés d'un verbe et d'un nom prennent la marque du pluriel quand ils sont au pluriel.
3. T : Je les ai laissé**s** partir ; elle s'est laissé**e** séduire.
   R : Je les ai laiss**é** partir ; elle s'est laiss**é** séduire.
   → Le participe passé de laisser suivi d'un infinitif reste invariable (à l'exemple du verbe *faire*).

La langue évolue pourtant : le « bon usage » n'a plus pour modèle unique les grands auteurs du passé mais se réfère aussi à des écrivains et journalistes contemporains.

Langues « littéraire », « familière » et autres

Dans le français d'aujourd'hui, il n'y a pas de niveaux de langues bien définis et nettement séparés. Ce qui distingue les différentes façons de parler ou d'écrire, c'est d'abord leur degré de complexité, reconnaissable, par exemple, à la longueur et à la construction grammaticale des phrases (un gérondif au lieu d'une

---

considérer comme betrachten als – **sacré,e** heilig – **une tentative** Versuch – **soulever** *ici* : auslösen – **retransmettre** *ici* : übertragen – **mettre qc à l'épreuve** etw. unter Beweis stellen – **se succéder** aufeinander folgen – **tenir compte de** berücksichtigen – **indifféremment** *ici* : ebenso – **un tire-bouchon** Korkenzieher – **séduire** verführen – **évoluer** sich entwickeln – **se référer à** sich beziehen auf – **net,te** klar – **reconnaissable** erkennbar.

subordonnée) ou à la fréquence des structures et mots utilisés. C'est le genre de situation dans laquelle le locuteur se trouve qui le pousse à choisir telle ou telle façon de s'exprimer.

D'un côté, il y a la « **langue soutenue** », qu'on retrouve le plus souvent dans les textes écrits (cette langue soutenue est appelée « littéraire » lorsqu'elle rejoint le domaine de la création artistique) ; de l'autre, la « **langue familière** », qui est utilisée de préférence dans le langage parlé.

L'**argot**, à l'origine la langue employée par les malfaiteurs pour ne pas être compris des bourgeois, est utilisé aujourd'hui dans le sens de jargon (argot des écoliers, des étudiants, etc.).

Le franglais

Ce terme désigne l'ensemble des **néologismes** d'origine anglo-américaine, qui ont envahi la langue française depuis la Seconde Guerre mondiale. Le franglais apparaît surtout dans la publicité (*un clip*), le vocabulaire du sport (par exemple *penalty* pour *pénalité*), de l'industrie du spectacle (*le show-biz*) mais aussi dans le domaine des sciences et de la technique (par exemple *escalator* pour *escalier mécanique*).

Quelques exemples courants : *le fastfood* (*la restauration rapide*), *le jogging* (*la course à pied*), *le week-end* (*la fin de semaine*), *le smartphone* (*le portable / le cellulaire*). Plusieurs organismes ont été créés pour lutter contre l'invasion des **anglicismes** et pour chercher des équivalents français aux termes anglais.

De plus, l'Académie française publie régulièrement des mises en garde contre « les expressions fautives ».

La langue des jeunes

C'est un langage qui est réinventé par chaque nouvelle génération. Les jeunes créent au jour le jour un code qui leur sert de signe de reconnaissance. On recherche les excès (un film n'est pas *réussi* ou *amusant*, il est *méga kiffant* ou *giga top*) et on utilise des abréviations : *les maths* pour *les mathématiques*, *d'ac* pour *d'accord*, *un blème* pour *un problème*, *l'aprèm* pour *l'après-midi*.

Le « verlan » ou langage à l'envers, jeu linguistique hérité de l'argot et très répandu parmi les jeunes, est en perpétuelle évolution. Ainsi, un *blouson*, devenu *zomblou* en verlan, se dit à présent *zomb*. De même, *zarbi* (*bizarre*) est devenu *zarb*,

---

un(e) locuteur, -trice Sprecher(in) – **pousser à** (an)treiben zu – **la langue soutenue** gehobene Sprache – **rejoindre** *ici :* übereinstimmen mit – **de préférence** überwiegend – **un malfaiteur** Verbrecher – **un bourgeois** Bürger *(hier: alle anderen außer den Verbrechern)* – **un néologisme** neues Wort – **envahir** *ici :* eingehen in, überwuchern – **une mise en garde** Warnung – **fautif, -ive** fehlerhaft, falsch – **un excès** Übertreibung – **une abréviation** Abkürzung – **à l'envers** umgekehrt – **répandu,e** verbreitet – **perpétuel,le** ständig.

un *keufli* (*flic*) un *keuf*, et une *teufé* (*fête*) une *teuf*. Le *beur* (abréviation du verlan de *arabe*), jeune né en France de parents maghrébins, a maintenant son féminin : *la beurette*.

L'**adolangue**, c'est aussi un vocabulaire particulier (*s'énerver → se prendre la tête, les parents → les biomanes*), mais c'est encore bien plus que ça : il s'agit d'un langage structuré qui réinvente en permanence ses expressions, sa syntaxe et sa grammaire. Cela le rend pratiquement impossible à parler pour *les ieufs* (*les vieux, les parents*), ce qui est un des buts recherchés.

Pour communiquer, les jeunes utilisent les **réseaux sociaux** : Facebook, Twitter, Instagram, What's app. Periscope permet de transmettre des vidéos en direct. Dans le bus, dans la rue, chez eux, les jeunes échangent des textos et des vidéos sur leur Smartphone.

Le but du texto, c'est de faire le plus court possible : Suppression de « ou » : *ns = nous, vs = vous, pvoir = pouvoir, vloir = vouloir, tjrs = toujours*, etc. On peut aussi supprimer des voyelles ou des consonnes : *pbm = problème, bjr = bonjour, bsr = bonsoir*.

L'écriture phonétique est aussi utilisée : *LM = elle aime, GHT = j'ai acheté, koi29 = quoi de neuf ?, a2m1 = à demain, NRV = énervé*, etc.

Comme en Allemagne, on ajoute des « émoticons » : ☺ ☹

Les langues parlées en France

Officiellement, la Constitution ne reconnaît qu'une seule langue : le français. Il existe cependant en France des minorités culturelles qui ont préservé leurs langues propres. Si les **langues régionales** n'ont pas de caractère officiel, elles sont, d'après leurs défenseurs, un moyen de conserver le patrimoine culturel dans toute sa diversité. Aujourd'hui, on peut voir dans toutes régions où existe une langue minoritaire des panneaux de signalisation écrits en français et en langue régionale. Il est aussi possible d'obtenir tout document administratif traduit dans la langue régionale. Près de 300 000 enfants sont scolarisés dans un établissement proposant tout ou une partie des cours en langue régionale. Cet effort scolaire est soutenu et financé par l'Etat, mais également critiqué par ceux qui considèrent les langues minoritaires comme inutiles car elles n'apportent rien sur le plan économique.

L'alsacien et **le lorrain**, dialectes alémaniques, sont utilisés par 800 000 personnes.

Le flamand, proche du néerlandais, est la langue maternelle d'environ 30 000 habitants du Nord du pays.

---

un beur verlan un nord-africain né en France (de parents immigrés) – **l'adolangue** *f.* eine Form der Jugendsprache – **un but** Ziel – **recherché,e** *ici :* beabsichtigt – **Periscope** Name einer App – **un texto** SMS – **le patrimoine** Erbe – **un effort** Bemühen, Anstrengung – **également** ebenso – **inutile** überflüssig.

Le breton, langue celtique comme l'irlandais ou le gallois, a quotidiennement quelque 200 000 utilisateurs. Il est enseigné dans certaines écoles, et récemment, un vocabulaire spécialisé, permettant l'enseignement en breton à l'université, a été élaboré.

Le basque, parlé des deux côtés de la frontière franco-espagnole, est une langue très ancienne qui date d'avant l'arrivée des Gaulois. A peu près 50 000 Français l'utilisent.

Le catalan, langue officielle de la Catalogne espagnole, est également pratiqué en France par 120 000 locuteurs.

Le corse se rapproche de dialectes italiens. Il est compris par 80 % de la population de cette île où le mouvement autonomiste est toujours très actif.

L'occitan, qui du point de vue historique est l'une des deux langues gallo-romanes parlées en France, désigne aujourd'hui l'ensemble des dialectes des régions situées au sud de la Loire ($\rightarrow$ Des origines à nos jours p. 167).

Le créole est la langue la plus couramment utilisée aux **Antilles françaises** (Guadeloupe, Martinique), en **Guyane**, à la **Réunion** et à **Mayotte**. Il est né au XVIIe siècle du mélange entre le français des colonisateurs et les différentes langues africaines parlées par les esclaves. C'est une langue à part entière, même si on peut y reconnaître des éléments du français, parfois très déformés. Il existe plusieurs variétés de créole, d'après l'endroit du globe où l'on se trouve.

Quelques exemples de cette langue, souvent très imagée :

A la Réunion, *beaucoup* se dit *in boug*, *un petit peu*, c' est *in' ti' dégout'* (*une petite goutte*).

Aux Antilles, *le zouc*, c'est *la fête*, donc *zouquer*, c'est *danser*.

Il ne parle pas beaucoup. $\rightarrow$ *i pa ka palé anpil.*

Il n'y en a plus. $\rightarrow$ *sa pwi fin* (*ça a pris fin*).

Je n'étais pas en train de manger. $\rightarrow$ *mwen pa té ka manjé* (*moi pas été qui a mangé*).

Bref. … kréyol, sa pa difisil.

---

le gallois walisische Sprache – **quotidiennement** *ici :* regelmäßig – **récemment** unlängst – **un Gaulois** Gallier – **autonomiste** Unabhängigkeits- – **courant,e** *ici :* häufig – **à part entière** eigenständig – **le globe** Erdkugel.

Les Français et leur langue

Langues non françaises parlées en France et variétés régionales du français ; d'après Henriette Walter
Le Français dans tous les sens ; Laffont ; Paris 1988.

Index

A

Abd al Malik *150*
Abi-bac *121*
abstention *77*
Académie française *135, 167*
Académie franco-allemande du cinéma *121*
académies nationales *31*
Accords de Bonn *112*
Accords de Munich *111*
Accords de Schengen *125*
Accords d'Evian *50*
AccorHotels *104*
achats en ligne *75*
Acte unique européen *124*
Action française *46*
Adjani, Isabelle *154, 155*
adolangue *170*
afflux de réfugiés *126*
Afrique *140*
Afrique francophone *130*
agriculture *93*
Aimé Césaire *140*
Airbus *96, 119*
Air France *18*
Alcatel *98*
Alcatel-Lucent *119*
alcool *83*
Algérie française *49*
alimentation *89*
Alliances françaises *133*
Allianz *103, 119*
allocations familiales *51*
Alsace *34*
Alsace-Lorraine *110, 111*
Alsacien (langue) *170*
Alstom *98*
Althusser, Louis *165*
amitié franco-allemande *113, 122*
analyse psychologique *138*
Ancien Régime *34, 40, 167*
anglicisme *169*
Annaud, Jean-Jacques *154*
Anouilh, Jean *137, 147*
Antilles *140*
Antilles françaises *171*

Antiquité *33*
Apollinaire, Guillaume *136*
après-gaullisme *51*
après-guerre *111*
Aragon *147*
Architecture *25*
argot *169*
Ariane *97, 120*
Arianespace *97*
arrondissements *11, 40*
Arte *116, 120, 159*
art gothique *33, 143*
artisanat *75*
art plastique *144*
art roman *33, 143*
aspect de la France *9*
Assemblée nationale *37, 63*
assurance auto *103*
attentats islamistes *117*
Auchan *75, 102*
Autant-Lara, Claude *154*
Auteuil, Daniel *155*
AXA *103, 119*
axes industriels et commerciaux *9*
Aznavour, Charles *149*

B

Bachelet, Pierre *150*
Bac pro *79*
balance commerciale *118*
Balzac *136, 146*
Banque centrale européenne (BCE) *124, 127*
Barthes, Roland *165*
BASF *119*
Basque (langue) *171*
Bastille *37*
Bateau-Lavoir *147*
Baudelaire *136, 146*
Bazin, Hervé *138*
B&B Hôtels *104*
Béart, Emmanuelle *155*
Bécaud, Gilbert *149*
Beckett, Samuel *137, 147*
Beigbeder, Frédéric *140*
Belges *132*
Benabar *150*
Ben Jelloun, Tahar *141*
Berlioz *146*
Bernier, Georges *151*

Besson, Luc *155*
betteraves à sucre *94*
BFMTV *159*
Bilal *151*
Binoche, Juliette *155*
Biolay, Benjamin *150*
Bismarck *110*
Bizet *145*
blé *94*
blocus continental *42*
BNP Paribas *103, 119*
Boileau *135, 144*
Bonnaire, Sandrine *155*
Boone, Dany *155*
Bosch *119*
boulevard périphérique *20*
bovins *94*
BP *79*
Braque *147*
Brassens, Georges *149*
Brel, Jacques *149*
Bresson, Robert *154*
Brétecher, Claire *151*
Breton *147*
Breton, André *136*
Breton (langue) *171*
Brexit *126*
Briand, Stresemann *111*
Brigade franco-allemande *116*
Bruckner, Pascal *165*
Bruel, Patrick *150*
Butor, Michel *137, 147*

C

Cabrel, Francis *150*
Cabu *151*
Calogero *150*
Camus, Albert *137, 147, 164*
Canada *132*
Canal+ *159*
cannabis *83*
cantons et communes *11, 40*
CAP (certificat d'aptitude professionnelle) *79*
Carné, Marcel *154*
Carole Bouquet *154*
Carrefour *75, 102*
carte grise *69*
Carte Nationale d'Identité *69*
carte verte *69*
Casino *102*
Catalan (langue) *171*
catholicisme *161*
Cavanna *151*
CDD (contrats à durée déterminée) *80*
CECA (Communauté européenne du charbon et de l'acier) *123*
CEE (Communauté économique européenne) *123*
Cent-Jours *41*
Centre dramatique national (CDN) *153*
Centres culturels *133*
César *147, 155*
Cézanne *146*
CFDT (Confédération française démocratique du travail) *105*
CGPME (confédération générale des petites et moyennes entreprises) *106*
CGT (Confédération générale du travail) *72, 105*
Chab *151*
Chabrol, Claude *154*
Chagall, Marc *147*
chaînes d'info *156*
chaînes privées *159*
Chamoiseau, Patrick *140*
Chandeleur *90*
Chansons de geste *143*
Charlemagne *33*
Chateaubriand *135, 136*
château de Versailles *36, 103*
chemins de fer *17*
Chessex, Jacques *142*
Chevalier, Maurice *149*
Chirac, Jacques *24, 52, 53, 73, 116*
chômage *106*
Chraibi, Driss *141*
Chrétien de Troyes *143*
cinéma *31, 80, 153*
Clair, René *153, 154*
Classicisme *144*
Claudel, Paul *137, 147*
Clavel, Bernard *138*
clergé *37*
climat *10*
Clouet *143*
Clouzot, Henri *154*
Clovis *24, 33*

CNEWS *159*
Code Napoléon *41*
codes vestimentaires *77*
cohabitation *52, 115*
Cohen, Albert *138, 142*
collaborateurs *72*
collaboration *47*
collège *77*
COM (Collectivités d'outre-mer) *14*
Comédie française *31, 135, 136, 144*
Comenius *128*
commerces *75*
Commission européenne *127*
Communauté européenne de défense (CED) *112*
Communauté européenne du charbon et de l'acier (CECA) *112*
communautés d'Emmaüs *84*
Commune de Paris *44*
communes *11, 15, 40, 67*
Comte-Sponville, André *165*
concerts *80*
Concordat *42*
Confédération du Rhin *43*
congé de maternité *81*
congé parental d'éducation *81*
Conrad, Didier *151*
Conseil de l'Europe *123*
conseil départemental *67*
Conseil de sécurité *129*
Conseil européen *116, 127*
Conseil franco-allemand de défense et de sécurité
conseil municipal *67*
conseil régional *67*
Conseil supérieur de l'audiovisuel (CSA) *158*
conservatoire du littoral *108*
constat à l'amiable *69*
Constitution *37*
Consulat *38*
contraception *81*
contractuels *69*
Coopération *130*
coopération militaire *119*
Corneille *135, 144, 150*
Corot *146*
Corse (langue) *171*
Couperin *144*
courant laïque *161*

Courbet *146*
cour d'assises *68*
cour de cassation *68*
Coysevox *144*
CPE (contrat de première embauche) *73*
crèche *77*
Crédit agricole *102*
Créole (langue) *171*
crise de la dette *125*
CRS (Compagnies républicaines de sécurité) *69*
Cubisme *147*
cyclisme *87*

D

Dalle, Béatrice *155*
Darty *102*
Dassault aviation *96*
Dassin, Joe *149*
Daumier *146*
da Vinci, Leonardo *128*
De Beauvoir, Simone *137, 138*
Debray, Régis *165*
Debussy *147*
Décathlon *102*
décentralisation *16, 51, 99*
Déclaration des droits de l'homme et du citoyen *37*
décolonisation *48*
défense nationale *70*
Degas *146*
de Gaulle, Charles *47, 49, 123, 129*
Delacroix *145*
De la Tour, Georges *144*
Delaunay *147*
délocalisation *99*
demandeurs d'asile *85*
Depardieu, Gérard *154, 155*
départements *10, 11, 40*
Descartes, René *135, 163*
Dib, Mohamed *141*
Diderot, Denis *135, 145, 164*
Dion, Céline *150*
diplôme *77*
Directoire *38*
Disneyland Paris *103*
divorce *88*
Dominique A *150*
Droits de l'homme et du citoyen *40*

drôle de guerre *47*
DROM (Départements et régions d'outre-mer) *14*
Du Bellay *135, 143*
Dujardin, Jean *155*
Duras, Marguerite *138*
Duteil, Yves *150*
Duvivier, Julien *154*

E

Ecole de Barbizon *146*
Ecole de Pont-Aven *146*
école élémentaire *77*
école maternelle *77*
école nationale d'administration (ENA) *79*
école privée *77*
école publique *77*
ECP (école centrale de Paris) *79*
EDF (Electricité de France) *104*
Edit de Nantes *34, 36, 162*
égalité des religions *161*
électroménager *98*
Eluard, Paul *147*
Empire *25*
empire colonial *45*
En Marche ! *56, 66*
ENS (écoles normales supérieures) *79*
enseignement *40*
enseignement primaire *45*
Entente cordiale *45*
Entre-deux-guerres *46*
époque préhistorique *33*
épuration *48*
Erasmus *128*
ESC (écoles supérieures de commerce) *79*
Etat absolu *35*
état d'urgence *70*
Etat français *47*
Etats généraux *37*
ETI (entreprises de taille intermédiaire) *105*
étrangers *85*
EURATOM *123*
euro *124*
Eurocorps *124, 125*
Eurofighter *96*
Europe 1 *158*
Europe des patries *123*
Europe des Six *123*
évolution de la population *14*

existentialisme *136, 147*
existentialistes *164*
exode *47*
exode rural *16*
exportation *118*

F

Fabian, Lara *150*
fauvisme *147*
Fémina *142*
Ferrat, Jean *149*
Ferré, Léo *149*
Ferri, Jean-Yves *151*
Festival de Cannes *155*
festivals *153*
Fête de la Musique *152*
Fête des Mères *90*
Fête des Pères *90*
Fête nationale *90*
FFI (Forces françaises de l'intérieur) *48*
FFL (Forces Françaises Libres) *47*
FIDL (fédération indépendante et démocratique lycéenne) *106*
FIFA (Fédération Internationale de Football Association) *131*
Fillon, François *56*
Finkielkraut, Alain *165*
Fiori, Patrick *150*
Flamand (langue) *170*
Flaubert *136, 146*
fleuves *9*
FLN (Front de libération nationale) *49*
FO (Force ouvrière) *105*
Fond européen de stabilité financière *125*
force de dissuasion atomique *129*
Force de frappe française *50, 114*
Foucault, Michel *165*
Fragonard *145*
Français et leur langue *166*
France 2 *159*
France 3 *159*
France 4 *159*
France 5 *159*
France Bleue *158*
France-Culture *158*
France - envahie *47*
France Info *156*
France-Inter *158*
France-Musique *158*

France Ô *159*
France - occupée *47*
France Télécom *104*
François Ier *34*
francophonie *133*
franglais *169*
Franquin *151*
Fresques gothiques *143*
Fresques romanes *143*
Front populaire *46, 72*
fruits et légumes *94*
Fun Radio *158*

G

Gainsbourg, Charlotte *155*
Gainsbourg, Serge *149*
Gall, France *149*
garde-champêtre *69*
Garonne *9*
Garou *150*
Gary, Romain *138*
gauche plurielle *52, 65*
Gauguin *146*
Gaumont *153*
Gavalda, Anna *140*
GDF (Gaz de France) *104*
Geluck, Philippe *151*
Gendarmerie nationale *69*
Géographie de la France *8, 19*
Géricault *145*
Gide, André *137, 147*
Giraudoux, Jean *137*
Giscard d'Estaing, Valéry *51, 124*
Gluck *145*
Glucksmann, André *165*
Godard, Jean-Luc *154*
Goldman, Jean-Jacques *150*
Goncourt *142*
Goscinny *151*
Gotlib *151*
Gounod *146*
Grand corps malade *150*
Grande Couronn *20*
grandes éco *31*
grandes écoles *40*
grandes entreprises *105*
Grand marché unique européen *124*
grand siècle *36*
Greuze *145*

grève *105*
Grexit *126*
guerre d'Algér *49*
guerre de Cent Ans *33*
Guerre de Holland *35*
guerre de la ligue d'Augsbourg *35*
Guerre de Sept Ans *37*
guerre des Gaules *33*
Guerre de Succession d'Espagne *35*
guerre d'Indochine *48*
guerre franco-allemande *44*
guerres de Religion *34*
guerres napoléoniennes *42*
Guetta, David *151*
guide Michelin *104*
Guillaume Musso *140*
Guyane *171*

H

habillement *89*
Hallyday, Johnny *149*
Hamon, Benoît *56*
Hardy, Françoise *149*
Haussmann *25*
Haut Conseil de la Francophonie *133*
haute-couture *31*
haute technologie *99*
hebdomadaires *157*
hébergements *104*
Hébert, Anne *142*
HEC (école des hautes études commerciales) *79*
Hélias, Pierre-Jakez *138*
Henri IV *25, 34*
Hergé *151*
Hernani *136*
Higelin, Jacques *149*
Histoire *24, 32*
HLM (Habitations à loyer modéré) *29, 89*
Hollande, François *55, 64, 74*
Hôtel Matignon *30, 62*
Houellebecq, Michel *139*
Hugo *145*
Hugo, Victor *136*
huguenots *34, 36, 162*
humanisme *135, 143*
Huppert, Isabelle *154, 155*

Index

I
IAM *150*
identité nationale *74*
Ile-de-France *20, 21, 30*
Ile de la Cité *20*
immigrés *85*
Impressionnisme *146*
Indila *150*
Indochine *150*
industrie de pointe *99*
industries agroalimentaires *93*
Ingres *146*
Institut monétaire européen *124*
instituts de prévoyance *103*
interactivité *156*
Interallié *142*
intérim *80*
Intermarché *75, 102*
Internet *104, 156*
Ionesco, Eugène *138, 147*
Islam *162*
Istya *103*
IUT (Institut universitaire technologique) *79*
IVG (interruption volontaire de grossesse) *81*

J
Jacobins *38*
Jeanne d'Arc *34*
jeux de ballon *87*
Jeux de la Francophonie *133*
Jonasz, Michel *150*
Jospin, Lionel *53*
Journal officiel *63*
journaux de télévision *157*
judaïsme *163*
Justice *40, 68*

K
Kaas, Patricia *150*
Kad Merad *155*
KANT *119*
Kassovitz, Mathieu *154*
Kessel, Joseph *138*
Kohl, Helmut *116*

L
Lacan, Jacques *165*
Laferrière, Dany *141*
La Fontaine *144*
La France dans le monde *109*
La France insoumise *66*
laïcité *72*
Lama, Serge *149*
Lamartine *136, 145*
langue d'enseignement *133*
langue des jeunes *169*
langue familière *169*
langue officielle *133*
langue soutenue *169*
langues régionales *170*
Larcenet, Manu *152*
La Réunion *171*
Laurent, Mélanie *155*
LCI *159*
Le Brun *144*
Leclerc *75, 102*
Le Clézio, Jean-Marie *138*
le colza *94*
Le Forestier, Maxime *149*
Le Lorrain *144*
Lelouch, Claude *154*
Le Pen, Jean-Marie *53*
Le Pen, Marine *55, 56*
Le Primatice *143*
Leroy Merlin *102*
Leroy, Nolween *150*
Les Républicains *64*
Les voies fluviales *18*
Lévi-Strauss, Claude *165*
Lévy, Bernard-Henri *165*
Levy, Marc *140*
Libération *48*
Liberté, égalité, fraternité *60*
littérature courtoise *143*
logement *88*
Logis de France *104*
loi de décentralisation *10*
Loire *9*
loi sur la séparation de l'Eglise et de l'Etat *72*
L'Oréal *119*
Lorrain (langue) *170*
Louane *150*
Louisiane *132*
Louis IX *33*
Louis XIII *34*
Louis XIV *24, 25, 34, 37*

Louis XV *37*
Louis XVI *37*
Louvre Hôtels *104*
Lucchini, Fabrice *154, 155*
Luc Ferry *165*
Lully *144*
Lumière, Louis *153*
Lutèce *24*

M

M6 *159*
Maalouf, Amin *141*
Mabanckou, Alain *141*
Macron, Emmanuel *56, 58*
Maghreb *133, 140, 141*
Mahé, Christophe *150*
mai 1968 *73*
mai/juin 1968 *50*
Maillol *147*
maintien à domicile *84*
maire *67*
maïs *94*
Maison des Jeunes et de la Culture *153*
maisons d'édition *31*
maisons de retraite *84*
Mallarmé *146*
Mallet-Joris, Françoise *138, 142*
Malraux, André *137, 147*
Manet *146*
Marceau, Sophie *155*
Marché commun *113, 114*
marché intérieur *118*
mariages *88*
Marianne *60*
Marie-Antoinette *37*
Marseillaise *37*
Martel, Charles *33*
Mathieu, Mireille *149*
Matisse *147*
Maupassant, Guy de *136, 146*
Mauriac, François *137*
Mayotte *171*
MC Solaar *150*
Mécanisme européen de stabilité *125*
MEDEF (Mouvement des entreprises de France) *106*
Médicis *142*
Mélenchon, Jean-Luc *56*
Melville, Jean-Pierre *154*

mercantiliste *35*
Messiaen *147*
métro *29*
Miano, Léonora *141*
Michel-Ange *146*
Michelin *119*
micro entreprises *105*
Migritude *141*
Millet *146*
mines *95*
Ministère de la Francophonie *133*
Mirages *96*
Mitchell, Eddie *149*
Mitterrand, François *28, 51, 52, 124*
Modiano, Patrick *139*
Molière *135, 144*
monarchie absolue *35*
Monarchie de Juillet *44*
mondialisation *99, 119*
Monet *146*
Monnet, Jean *112, 123*
montagnes *9*
Montaigne *135, 143*
Montesquieu *37, 145, 163*
Morris *151*
motion de censure *62*
Mouskouri, Nana *149*
Moustaki, Georges *149*
Moyen Age *33*
musée du Louvre *103*
Musique de ballet *144*
musulmans *162*
mutuelle *82, 103*

N

Napoléon Bonaparte *38, 40*
Napoléon III *44*
natalité *15*
naturalisme *136, 146*
Navarre, Henri de *34*
Négritude *140*
néo-classicisme *146*
néo-gothique *145*
néo-impressionnisme *147*
néologisme *169*
Noah, Yannick *150*
noblesse *37*
Noir désir *150*
Nostalgie *158*

Nothomb, Amélie *142*
Nourissier, François *138*
nouveau roman *137, 147*
nouveau théâtre *137, 147*
Nouveaux Réalistes *147*
nouvelle société *51*
nouvelle vague *154*
NRJ *158*
nucléaire *100*

O

OAS (Organisation de l'armée secrète) *49*
Obispo, Pascal *150*
Occitan (langue) *171*
OCDE (Organisation de coopération et de développement économique) *31, 123*
OECE (Organisation européenne de coopération économique) *123*
Office franco-allemand pour la jeunesse (OFAJ) *114, 120*
OGM (organismes génétiquement modifiés) *93*
OIF (l'Organisation internationale de la francophonie) *31, 133*
Onfrey, Michel *165*
on tire les rois *89*
ONU (Organisation des Nations Unies) *129*
opéra-comique *145*
Orange *104*
ordinateur *80*
orge *94*
OTAN (Organisation du traité de l'Atlantique Nord) *114, 129*
Oyono, Ferdinand *141*

P

pacte civil de solidarité (PACS) *88*
Pagnol, Marcel *138*
Pagny, Florent *150*
Palais Bourbon *30, 63*
Palais de l'Elysée *30*
Palais du Luxembourg *30*
Palme d'or *155*
Pâques *90*
Paradis, Vanessa *150*
Paris *25, 30, 31*
Parisii *24*
Parlement européen *124, 127*
partis politiques *64*

Pascal *135*
Pathé *153*
PCF (Parti communiste français) *64*
PECO (Pays d'Europe centrale et orientale) *125*
peine de mort *68*
pelote basque *88*
Pennac, Daniel *139*
Perec, Georges *138*
Père Noël *90*
permis de conduire *69*
Pétain *24, 45, 47*
pétanque *88*
Petite Couronne *20*
Peyo *151*
Philippe Auguste *24, 33*
Philippe le Bel *33*
Philosophie française *163*
Piaf, Edith *149*
Pialat, Maurice *154*
Picasso *147*
pieds-noirs *49, 50*
Pissarro *146*
plan Marshall *123*
Plantu *152*
plan Vigipirate *70*
Pléiade *143*
PME (petites et moyennes entreprises) *55, 105*
poésie *136*
Poiré, Jean-Marie *154*
polar *139*
Pôle emploi *107*
Police *68, 69*
politique des « réunions *35*
politique extérieure *35*
politique française *59*
politique intérieure *35*
Pompidou, Georges *51, 124*
Poste *104*
postes précaires *76*
Poussin *144*
pouvoir *11*
Pratt, Hugo *152*
précarisation de l'emploi *107*
préfets *11, 41*
Première Guerre mondiale *45*
Premier ministre *62*
président de la République *62*

présidentielles *60*
presse écrite *156*
presse parisienne *156*
presse quotidienne régionale *157*
Prévert *147*
prix littéraires *31, 142*
Prix Nobel *142*
Produits animaux *94*
produits « bio » *82*
Produits végétaux *94*
professions libérales *76*
Programme commun de gouvernement *51*
projet de loi *63*
proposition de loi *63*
protestantisme *162*
Proulx, Monique *142*
Proust, Marcel *137, 147*
provinces *10*
PS (Parti socialiste) *64*

Q
Québec *132*
Queffélec, Henri *138*
quinquennat *53*

R
Rabelais *143*
Racine *135, 144*
radio *31, 158*
Radio France Internationale (RFI) *158*
Radio Monte Carlo *158*
Radio Télé Luxembourg (RTL) *158*
Rafale *96*
Rameau *144*
rap *150*
Raphael *150*
Raphaël Confiant *140*
Ravel *147*
RDA (République démocratique d'Allemagne) *113*
réalisme *136, 138, 146*
réchauffement climatique *108*
réconciliation *113*
Rectification de l'orthographe *168*
référendum *49, 50, 63*
Référendum sur une Constitution européenne *117*
régionalisation *10, 30*
région parisienne *11*

régions de France *10, 67*
Reiser *151*
relations franco-allemandes *110*
relief *9*
Religion *160*
Renaissance *25, 34, 143*
Renaud *150*
Renoir *146*
Renoir, Jean *153*
Reno, Jean *155*
République *37*
République - IIe *44*
République - IIIe *45*
République - IVe *48, 62*
République - V^e *49, 62*
RER (Réseau express régional) *29*
réseaux sociaux *76, 170*
Résistance *47, 65, 72*
résistance extérieure *47*
résistance intérieure *48*
résistants *72*
Restauration *44*
restos du cœur *85*
retraite *84*
réveillon *90*
revenu de solidarité active (RSA) *54, 84*
Révolution française *10, 36*
Reza, Yasmina *140*
RFA (République fédérale d'Allemagne) *112, 113*
Rhénanie *111*
Rhin *9*
Rhône *9*
Richelieu *34, 167*
richesses du sous-sol *94*
Rimbaud *146*
RMC *158*
Robbe-Grillet, Alain *137, 147*
Robespierre *38*
Rodin *146*
Rohmer, Eric *154*
Rolland, Romain *137*
roman *136*
roman autobiographique *138*
roman d'action *138*
roman historique *138*
roman policier *139*
romantisme *135, 136, 145*
Ronsard *135, 143*

Rouault *147*
Rousseau, Jean-Jacques *37, 135, 145, 164*
routes *17*
Rude *145*
rugby *87*

S

Sabatier, Robert *138*
Safran *98*
Sagan, Françoise *138*
Saint Barthélémy *34*
Saint-Cyr *79*
Saint-Exupéry, Antoine, de *137, 147*
salafisme *162*
Sansal, Boualem *141*
sans domicile fixe *84*
Sanseverino *150*
Sardou, Michel *149*
Sarkozy, Nicolas *54, 74*
Sarraute, Nathalie *137, 147*
Sarre *111*
Sartre, Jean-Paul *136, 147, 164*
Sattouf, Riad *152*
Sautet, Claude *154*
Schmitt, Eric-Emmanuel *139*
Schröder *116*
Schuman, Robert *112*
scrutin à la proportionnelle *60*
scrutin majoritaire *60*
Sculpture gothique *143*
Sculpture romane *143*
SDF (sans domicile fixe) *29, 84*
SEB *98*
SECAM *159*
Seconde Guerre mondiale *47, 111*
Second Empire *44*
Sécurité sociale *73, 82*
Ségara, Hélène *150*
seigle *94*
Seine *9*
Sénat *25, 63*
Senghor, Léopold Sedar *141*
séparation de l'Eglise et de l'Etat *161*
séparation des pouvoirs *40*
septennat *53*
séropositives *82*
service militaire *70*
Seurat *147*
Sfar, Joanne *152*

siècle des lumières *37, 135, 145*
Siemens *119*
Signac *147*
Simenon, Georges *139*
Simon, Claude *137*
Sisley *146*
situation *9*
Skyrock *158*
slam *150*
Smart *119*
SMIC (salaire minimum interprofessionnel de croissance) *51, 73, 105*
SMIG (salaire minimum national interprofessionnel garanti) *48, 73*
SNCF (Société nationale des chemins de fer français) *104*
Société *71*
Société des Nations (SDN) *111*
Société générale *102*
sommet de la francophonie *133*
sommets africains *130*
sommets franco-allemands *116*
Sorbonne *24*
Souchon, Alain *150*
sport *80*
statut des femmes *81*
Stendhal *136, 146*
Stromae *150*
style antique *145*
style classique *144*
style néo-classique *145*
style néoclassique *145*
style rococo *145*
suffrage censitaire *40*
Suisses francophones *132*
Supéléc *79*
Super U *75*
Suprême NTM *150*
surréalisme *136, 147*
Sy, Omar *155*
symbolisme *146*
système monétaire européen (SME) *115*
Système U *102*

T

tabac *83*
Tardi *151*
Tati, Jacques *154*
Tautou, Audrey *155*

taux de chômage des jeunes *79*
taux de fécondité *81*
Tavernier, Bertrand *154*
technopoles *99*
téléphone portable *80, 104*
télévision *31, 159*
tennis *87*
Terreur *38, 161*
TF1 *159*
TGV (train à grande vitesse) *18*
Thales *98*
Théâtre national de Chaillot *31*
théâtre national de La Colline *31*
théâtre national de l'Odéon *31*
théâtre romantique *136*
Tiers Etat *37*
Total *119*
Tour de France *87*
tournesol *94*
Tournier, Michel *138*
Toussaint *90*
traité de Bruxelles *123*
traité de la Sarre *113*
traité de Lisbonne *125*
traité de Locarno *111*
traité de Maastricht *124*
traité de Verdun *33*
traité de Versailles *45, 110*
traité entre la République française et la République fédérale d'Allemagne sur la coopération franco-allemande *113*
traités de Rome *123*
transport *17*
transports aériens *18*
travail temporaire *80*
Tremblay, Michel *142*
Trénet, Charles *149*
Trente Glorieuses *73*
tribunal correctionnel *68*
tribunal de police *68*
tribunal d'instance *68*
Triple Entente *45*
troubadours *143*
trouvères *143*
Troyat, Henri *138*
Truffaut, François *154*

U

Uderzo *151*

UMP (Union pour la majorité présidentielle) *53*
une constitution pour l'Europe *63*
UNEF (Union nationale des étudiants de France) *105*
UNESCO (Organisation des Nations unies pour l'éducation, la science et la culture) *31, 132*
Union de la gauche *51*
union économique *128*
Union Européenne (UE) *124*
Union monétaire européenne *125*
union politique *128*
Union sacrée *45*
université *79*
université franco-allemande *121*
universités *31*
urbanisation *16*

V

valeurs traditionnelles *47*
Vargas, Fred *139*
Vartan, Sylvie *149*
Vélib *29*
ventes par Internet *102*
Verdun *45, 115*
Verlaine *146*
vie culturelle *152*
vieillissement de la population *15*
villes *15*
villes nouvelle *16*
vin *94*
Vincent Delerm *150*
Vlaminck *147*
voie professionnelle *79*
volailles *94*
Voltaire *37, 135, 145, 163*
Voulzy, Laurent *150*

W

Waterloo *41, 42*
Watteau *145*
Wolinski *151*

X

X *79*

Y

Yourcenar, Marguerite *138*

Z

ZAZ *150*
Zazie *150*
Zebda *150*
ZEP *152*
Zidi, Claude *154*
Zola *146*
Zola, Emile *136*
zone française *111*
zone libre *47*
zone occupée *47*

Bildquellennachweis

Cover shutterstock (rmanzanosgarcia), New York, NY; **4/5** Avenue Images GmbH (Geoatlas), Hamburg; **8** Avenue Images GmbH (Geoatlas), Hamburg; **8** Avenue Images GmbH (Geoatlas), Hamburg; **17** Mauritius Images (Photononstop / Roger Rozencwajg), Mittenwald; **17.1** Reuters (Christian Hartmann), Frankfurt; **19** Fotolia.com (rdnzl), New York; **25.1** shutterstock (WHYFRAME), New York, NY; **26.4** shutterstock, New York, NY; **26.2** shutterstock (Kiev.Victor), New York, NY; **26.5** shutterstock (Premier Photo), New York, NY; **26.3** shutterstock (Valery Egorov), New York, NY; **27.3** shutterstock (Rainer Lesniewski), New York, NY; **27.2** shutterstock (EQRoy), New York, NY; **27.3** shutterstock (HUANG Zheng), New York, NY; **32** akg-images, Berlin; **33.1** akg-images, Berlin; **34** Getty Images (Art Images), München; **38.1** akg-images, Berlin; **39** akg-images (Erich Lessing), Berlin; **41** Getty Images (Hulton Archive), München; **43** akg-images (Erich Lessing), Berlin; **46** akg-images, Berlin; **47.1** Klett-Archiv, Stuttgart; **49.1** akg-images (Fototeca Gilardi), Berlin; **52.1** akg-images (Manuel Bidermanas), Berlin; **53.1** shutterstock (360b), New York, NY; **53.2** shutterstock (Frederic Legrand - COMEO), New York, NY; **58.1** shutterstock (Frederic Legrand - COMEO), New York, NY; **59** Fotolia.com (Gilles Paire), Paris; **61** Fotolia.com (phocks eye), New York; **62.1** Imago, Berlin; **66** shutterstock (Frederic Legrand - COMEO), New York, NY; **68.1** Mauritius Images (Michael Dwyer / Alamy), Mittenwald; **68.2** shutterstock (photofort 77), New York, NY; **71** Thinkstock (Purestock), München; **80** Getty Images (AFP), München; **82** European Commission DG Agriculture and Rural Development, Brussels; **85** Les Restos du Coeur, Paris; **87.2** Fotolia.com (David Guyonnet), New York; **87.1** shutterstock (Francisco Javier Gil), New York, NY; **88** iStockphoto (Daniel Kaesler), Calgary, Alberta; **92** iStockphoto (mennovandijk), Calgary, Alberta; **96** shutterstock (Roger Clark ARPS), New York, NY; **97** Picture-Alliance, Frankfurt; **101** Par Sting and Roulex_45 and Domaina — Base map: Nuclear_power_plants_map_France-fr.svg by StingModifications by Roulex_45 and Domaina, CC BY-SA 3.0, https://commons.wikimedia.org/w/index.php?curid=15303841; **104** shutterstock (Joaquin Ossorio Castillo), New York, NY; **106** iStockphoto (Guillaume Louyot), Calgary, Alberta; **107** Toute l'Europe, Paris; **109** Fotolia.com (harvepino), New York; **114.1** Picture-Alliance (AP Images), Frankfurt; **114.2** Reuters (Fabrizio Bensch), Frankfurt; **115** ddp images GmbH (SIPA), Hamburg; **120** dreamstime.com (VanderWolfImages), Brentwood, TN; **121.3** OFAJ/DFJW; **121.4** Deutsch-Französische Hochschule, Saarbrücken; **121.2** Klett-Archiv-RF-HF, Stuttgart; **124** shutterstock (Ershita Prasetyanto), New York, NY; **127** Thinkstock (AndresGarciaM), München; **131** Thinkstock (Jupiterimages), München; **134** akg-images (Hervé Champollion), Berlin; **135.3** akg-images, Berlin; **135.1** shutterstock (Georgios Kollidas), New York, NY; **135.2** shutterstock (Everett Historical), New York, NY; **139.2** akg-images (Album / Joan Vidal), Berlin; **139.1** Imago (PanoramiC), Berlin; **139.3** Mauritius Images (dpa picture alliance archive / Alamy), Mittenwald; **142** Getty Images (AFP), München; **142** laif (GAMMA-RAPHO), Köln; **152.1** Extrait de l'ouvrage „L'excellent du chat", Geluck © Casterman, avec aimable autorisation des auteurs et des Editions Casterman; **152.2** Titeuf T11 de Zep © Editions Glénat, 2006; **152.3** Froid équateur, Bilal, © CastermanAvec l'aimable autorisation des auteurs et des Editions Casterman; **155.1** Action Press GmbH, Hamburg; **157** shutterstock (Alexandra Lande), New York, NY; **159.3** laif (Michel BARET/RAPHO), Köln; **159.1** Logo, Stuttgart; **159.2** http://www.arte.tv/de; **160** Fotolia.com (Rafael Ramirez), New York; **162** shutterstock (Rrrainbow), New York, NY; **165.3** Picture-Alliance (MAXPPP), Frankfurt; **165.2** laif (Jean-Marc ZAORSKI/RAPHO), Köln; **165.1** laif (LBERTO CRISTOFARI/A3/CONTRASTO), Köln; **166** laif (Elodie GREGOIRE/REA), Köln

Sollte es in einem Einzelfall nicht gelungen sein, den korrekten Rechteinhaber ausfindig zu machen, so werden berechtigte Ansprüche selbstverständlich im Rahmen der üblichen Regelungen abgegolten.